教職実践演習・教育実習指導
ロールプレイ・ロールレタリング対応

梨木昭平 著

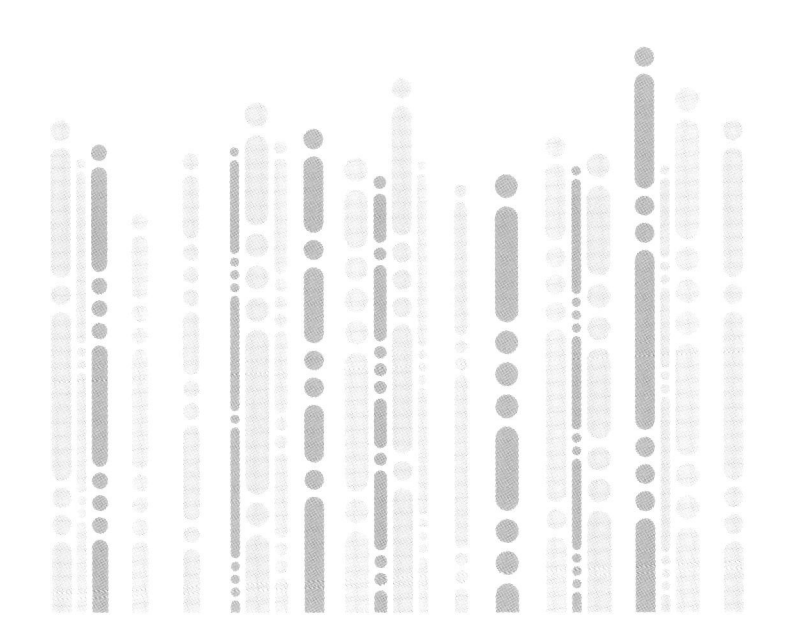

大学教育出版

まえがき

　本書の姉妹編『最新　教職概論・生徒指導論 ―「教職実践演習」対応 ―〈第3版〉』（大学教育出版　2015年）でも「教職実践演習」に対応しているが、本書では教職科目「教職実践演習」の「科目の趣旨・ねらい」の4事項とそのまま対応する形で第1部の4章を設定している。ここに本書の特色の第1がある。
　「①使命感や責任感、教育的愛情等に関する事項」の到達目標で話題にされている「教育に対する使命感や情熱を持ち、常に子どもから学び、共に成長しようとする姿勢」や「高い倫理観と規範意識、困難に立ち向かう強い意志」「自己の職責」は教職科目「教職概論」で課題にされていることと重なる。姉妹編の第1部「教職概論」も参照していただきたい。
　「②社会性や対人関係能力に関する事項」の到達目標で話題にされている「教員としての職責や義務の自覚」や「目的や状況に応じた適切な言動」も「教職概論」と重なりがあるが、「組織の一員としての自覚を持ち、他の教職員と協力して職務を遂行することができる」や「保護者や地域の関係者と良好な人間関係を築くことができる」等は教職科目のなかでも新しい項目である。「他の教職員との人間関係」や「保護者との関係」等は、子ども相手の業務ではない。何かを「教える」「指導する」という領域の内容ではないのである。そのような項目をも新しく「実践」として取り込んだことが「教職実践演習」の特徴ともいえる。したがって、この項目には多くのページを割り当てた。
　「③幼児児童生徒理解や学級経営等に関する事項」は「子どもの発達や心身の状況に応じて、抱える課題を理解し、適切な指導を行う」「子どもとの間に信頼関係を築き、学級集団を把握して、規律ある学級経営を行う」を到達目標としており、教職科目「生徒指導論」と重なる領域が多い。姉妹編の第2部「生徒指導論」も参照していただきたい。
　「④教科・保育内容等の指導力に関する事項」は従来の各「教科教育法」の集大成ともいえる。到達目標にも例示がある「板書」等各教科の必要最低限の

事柄についての記述にとどめた。技術指導が中心の教科もあれば実技・表現活動に重きがおかれる教科もありそれぞれその教科の特性が異なるためである。

　例えば、事項②の確認指標例「挨拶や服装、言葉遣い、他の教職員への対応、保護者に対する接し方」すなわち「社会人としての基本」や「他の教職員の意見やアドバイスに耳を傾けるとともに、理解や協力を得ながら、自らの職務を遂行」、さらに「協調性や柔軟性」という項目は従来の「教材研究」等では扱わなかった。「保護者の意見・要望に耳を傾ける」という確認指標例は、大学生にとっては身近には感じにくいテーマであるだろう。想像力によって補う必要のあるこれらの領域は、本書の第2部において実践例を織り込みながら説明した。

　「教職実践演習」の「2 授業内容例」や「4 授業方法等」で何度も強調されているロールプレイング（本書ではロールプレイと表記）について、第2部「教職実践演習の方策」として独立した部を構築して記述をしている点に本書の特色の第2がある。役割演技として書き言葉のロールレタリング（本書の中ではRLとも表記）の実践例をもまとめている類書は少ない。ロールプレイの「型」や場面設定の創作度について筆者なりの分類もしている。

　姉妹編と同様に、本書でも「演習」を数多く設けた。また、養護実践交流会との共同執筆箇所も多く、いくつか「演習」の題材も提供していただいた。教職員組織のなかの特色ある存在としての養護教諭について類書に比べて詳細に説明している点は、本書の特色の第3である。

　今回「教育実習指導」として第3部を加筆することによって、教職科目の集大成である「教職実践演習」と教育実習とを関連づけて有機的に理解できるように新版に至った。なお、第3部の演習については〈手がかり〉を提供し、解説は用意していない。

　「実践」という共通の課題を中核に据えて今後も教員養成に資料を提供し続けたい。

2015年1月

著　者

教職実践演習・教育実習指導
― ロールプレイ・ロールレタリング対応 ―

目　次

まえがき ……………………………………………………………… *1*

第1部　実践演習の内容

第1章　使命感や責任感、教育的愛情等に関する事項 ……………… *8*
　第1節　教育的愛情の歴史的変遷　*9*
　第2節　教育的愛情のライフサイクルにおける変化　*12*
　第3節　養護教諭の「使命感」　*15*

第2章　社会性や対人関係能力に関する事項 ……………………… *17*
　第1節　教員組織　*18*
　第2節　養護教諭の特質　*21*
　第3節　保護者との関係　*30*

第3章　幼児児童生徒理解や学級経営等に関する事項 …………… *40*
　第1節　家族における立場の理解　*41*
　第2節　学級集団のなかの立場の理解　*45*
　第3節　生と性の理解「いのちの教育」　*50*

第4章　教科・保育内容等の指導力に関する事項 ………………… *57*
　第1節　黒板〈ノート〉の使い方と読み　*58*
　第2節　生徒の指名の仕方等　*61*

第2部　実践演習の方策

第1章　ロールプレイの定義 …………………………………… 68
　　第1節　ロールプレイの定義　*68*
　　第2節　教職志望者にとってのロールプレイの意義　*69*
　　第3節　ロールプレイの具体例　*72*
　　第4節　ロールプレイの課題　*83*

第2章　ロールレタリング（役割交換書簡法） ……………… 87
　　第1節　ロールプレイ（役割演技）との対比　*87*
　　第2節　教職志望者のロールレタリングの実践　*88*

第3部　教育実習指導

第1章　「介護等体験」指導 ……………………………………… *100*

第2章　教育実習指導 …………………………………………… *103*
　　第1節　学級での実習　*103*
　　第2節　校務分掌での実習　*106*
　　第3節　観察する場としての教育実習　*108*

演習解説……………………………………………………………… *112*

参考資料
　　　　中央教育審議会　今後の教員養成・免許制度の在り方について（答申）教職実践演習（仮称）について　*118*

あとがき ― ロールプレイとロールレタリング ― ………………*123*

第1部

実践演習の内容

第1章
使命感や責任感、教育的愛情等に関する事項

事項① 到達目標

・教育に対する使命感や情熱を持ち、常に子どもから学び、共に成長しようとする姿勢が身に付いている。
・高い倫理観と規範意識、困難に立ち向かう強い意志を持ち、自己の職責を果たすことができる。
・子どもの成長や安全、健康を第一に考え、適切に行動することができる。

事項① 確認指標例

・誠実、公平かつ責任感を持って子どもに接し、子どもから学び、共に成長しようとする意識を持って、指導に当たることができるか。
・教員の使命や職務についての基本的な理解に基づき、自発的・積極的に自己の職責を果たそうとする姿勢を持っているか。
・自己の課題を認識し、その解決に向けて、自己研鑽に励むなど、常に学び続けようとする姿勢を持っているか。
・子どもの成長や安全、健康管理に常に配慮して、具体的な教育活動を組み立てることができるか。

授業内容

・様々な場面を想定した役割演技（ロールプレーイング）や事例研究のほか、現職教員との意見交換等を通じて、教職の意義や教員の役割、職務内容、子どもに対する責務等を理解しているか確認する。（主として①に関連）
・学校において、校外学習時の安全管理や、休み時間や放課後の補充指導、遊びなど、子どもと直接関わり合う活動の体験を通じて、子ども理解の重要性や、教員が担う責任の重さを理解しているか確認する。（主として①③に関連）

　教員としての意欲や情熱が問われているこの項目では、社会情勢による変化を中心に考察を深める。その「使命感」「責任感」が社会情勢から他教諭ほどは影響を受けにくい養護教諭については、第2章で「教職員の協力」に関連

づけながら説明する。

第1節　教育的愛情の歴史的変遷

「使命感」「責任感」「教育的愛情」これらはいずれも精神的な要素の強い事項である。「到達目標」として、「高い倫理観」「規範意識」「困難に立ち向かう強い意志」が挙げられているが、これらの項目は時代や社会情勢によって中身が変遷することに注意しなければならない。

例えば「教育的愛情」とは、どのようなものなのだろうか。まず、戦時体制における「教育愛」についての記述がある。

> 教育愛という言葉が、昭和10年代に定着し、使用されたことの背景には、当時の政治情勢があった。とくに1931（昭和6）年の「満州事変」を契機にして戦時体制に入り、軍国主義の道を歩んでいた日本においては、天皇中心の「皇国史観」が強調され、国粋主義的な全体主義の思想と「滅私奉公」が盛んに説かれた。天皇崇拝、愛国心、孝行、教師への尊敬とともに国語愛という言葉まで存在したから、これらの言葉と並んで、教師がひたすら自己を犠牲にして、子どものために尽くすという意味合いの教育愛もまた、時代の要求に適合していたと見なければならない。当時、既に師弟愛という言葉はあったと思われるが、師弟愛が教師と子ども間の相補的、自己完結的な関係であるのに対して、教育愛は、その自己犠牲の精神のゆえに、教師と生徒の関係を超えて、天皇の「赤子」である少国民教育と直結するイメージを持ったものであった。その意味において、教育愛という言葉は、この時代に合致した言葉であったと見てよいだろう。そして、教育愛という言葉が、現代において、古めかしく、過去の徳目を引きずっているような印象を与えるならば、それは、この言葉のこの時代への適合性に起因していると言えよう[1]。

「自己犠牲」という言葉がキーワードとなっている。「愛」という名のもとに教員が軍国主義に利用されていったことへの問題提起ともいえる。「子どものために尽くす」ということ自体は批判の対象ではないかもしれないが、「尽くす」ということの先に何があるのかということは、常に問い直されなくてはならない。教育的愛情と「教育愛」とは同一ではないが、「古めかしく、過去の

徳目を引きずっているような印象」はどこかにある。そして、少なくともこの時代の教師の「使命感」「責任感」「困難に立ち向かう強い意志」は、「国粋主義的な全体主義の思想」と無関係に存在することは不可能であったと考えられる。

事項①の「到達目標」のなかにある記述として「子どもの成長や安全、健康を第一に考え、適切に行動することができる」という内容が、ここでは「教育的愛情」の最低限の内容を指し示していると考えられる。

「教育愛」という言葉は、文部（科学）省発行印刷物のなかでは生徒指導に関連して登場することもある。以下に該当する箇所を引用してみる。

　　学校における非行対策の性格に関するその他のいくつかの問題を取り上げておこう。
　　（1）教育愛に貫かれていること
　　学校における非行対策の根底には、生徒の人間性を信じ、生徒のもつさまざまな可能性や潜在能力を正しく生かすことに心がけ、ひたすらに指導の手を差し伸べようとする教育者としての限りない愛情が流れていなければならない。後にも述べるように、学校における非行対策にも、おのずから限界があると考えられるが、それにしても、じゅうぶんな指導も行わずに指導の限界のみを強調することや、非行を犯した生徒を白眼視したり、やっかい者扱いにするような考え方や態度があっては、じゅうぶんな教育的効果が期待できないばかりではなく、それは、学校における非行対策の本質を誤ったものというべきだろう。非行を犯す生徒は、多くの場合愛情に飢えている者であり、正当に自分が認められないという不満を持っている者であり、また、正しいしつけを受けることなく放任されていた者である。考えようによっては恵まれない気の毒な青少年なのであり、かれらが最も必要としているものは、教師の真の教育愛である場合が多いともいえるであろう。この教師の教育愛に貫かれた指導の態度は、やがては非行を犯した生徒の心に訴えていくことが多いであろう[2]。

この文脈では、「非行を犯す生徒」は「愛情に飢えている者」であるから、「かれらが最も必要としているもの」＝「教育愛」を差し伸べるべきである、ということになる。つまり、非行を犯す生徒が比較的多数の学校では愛情豊かに「正しいしつけ」を指導する情熱が「使命感」「責任感」と重なる。一方で、ある程度家族から「正しいしつけ」や「教育愛」を受けていて、むしろ「学力を

つけて欲しい」と願う生徒が比較的多数の学校では、「使命感」「責任感」は学力をつけるための情熱と重なるのである。「使命感」「責任感」は学校のおかれている状況―さらには時代や社会状況によっても変遷するといえる。

さらに、同一の学校のなかでも生徒指導を中心にする教員と保健指導に重点をおく教員では「使命感」「責任感」は微妙に異なる。養護教諭に求められる「使命感」「責任感」が授業をする教員と異なるのは自然なことである。

> #### 演習1
>
> 　杉原厚吉は「小学校・中学校・高等学校の先生は、教育の仕方の訓練を受けた教え方のプロなのである。」[3]としたうえで、大学に勤務する一部の個性派教員を紹介している。
>
> 　ある年輩の教授の授業では、説明がとても難解であった。しびれを切らした一人の生徒が、よくわからないのでもう一度説明してほしいとお願いした。そうしたらその教授は答えた。「私はこの理論を三十年以上もかけて築いてきた。それを数時間聞いただけの君たちにわかるわけがない。」[4] これを聞いて、生徒一同は「度肝を抜かれた」らしい。
>
> 　また、あるとき、教授が黒板に書いた式が少し間違っていた。生徒の一人がその間違いを指摘した。そうしたら、その教授はベートーベンのような髪を揺らせてその生徒の方を向き、おもむろに言った。
>
> 　「君たちは、コンサートホールで交響曲の演奏を聞いているとき、バイオリン奏者の一人が一音間違えたからと言って立ち上がって指摘するかね。そうではなくて、最後まで静かに聞くだろう。」[5] 問答無用、黙って聞けというわけである。それ以来、その授業では誰も質問をしなくなった。
>
> 　問　上記のような教員の「使命感や責任感、教育的愛情」をどう考えるか。意見を述べよ。
> ・
> ・
> ・
> ・
> ・

第2節　教育的愛情のライフサイクルにおける変化

　一人の教員が年齢を重ねていくに従って、その「教育的愛情」がどのように変化していくのかを考えてみよう。
　「初任期」では、教員の平均年齢よりも生徒の年齢の方が自分にとって近い時期になることが多い。聴いている音楽や好きな映画・ビデオ等関心がある事柄についても生徒のそれの領域と重なることも多い。若くて体力もある。「無我夢中でがむしゃらに子どもの中に飛び込んでいき、いつも子どもと一緒にいることが教職の醍醐味であり、教師としての生きがいでもあると感じた初任期」[6]となるのも自然な展開である。おそらく、教育実習中の学生の姿にも重なるものが多いだろう。
　何年か教職を経験していると、それだけに飽き足らなくなり、「もっと授業そのものに力を注ぎ、授業で子どもたちと結びつくこと、そのために授業研究に時間とエネルギーを傾け、授業力量を獲得していくことを志向するようになる」[7]ような教員も出現する。ただ、ここには個人差もあるだろう。赴任した職場に自分よりも若い教員が転入して来なければ、生徒との関係性においては大きな変化がないかもしれない。また、授業よりも部活動の方にエネルギーを傾ける教員や、生徒会活動を盛り上げることに情熱を注ぐ者もいるだろう。何に対して「使命感」「責任感」を抱くかはその教員の教育観や個性による部分が大きい。
　「中堅期」になると、さらにそれぞれの教師の個性によって差異が拡大する。「主任職に就くというような経験」を経て、「それまで自分の学級のことだけ考えていればよかった立場から、学年や学校全体の子どもや教職員の関係づくりに気を配らなければならなくなり、新たな肉体的精神的疲労を感じ始めることも多くなる」[8]という教員も存在するだろうが、その一方では、授業や部活動など自分に直接結びつきの強い子どもたちに対して「中堅期」であるからこそ「教育的愛情」を注ぎ続けたいと考える教師もいるだろう。
　指導主事職や教頭職を経て校長職に就くということは、「教職の成功と危機

という両面」をもたらすという。「教育という営みを捉える視野を大きく拡大させ学校づくりという新しい教育実践を創造していく可能性をもたらすと同時に、他面では学級という自らの実践のフィールドを喪失し教育実践家からの離脱化を余儀なくされる」[9]からであるが、一生「教育実践家でありたい」と希望する教員は管理職を選択しないともいえる。

　「教職実践演習」受講者は、早ければ次年度にも学校で実際に勤務することになる。若い教職員が子どもたちから人気のある存在であることは珍しいことではないが、その一方で中年期の教職員の一部は「危機」にある。その原因は、例えば「社会の変動による子どもたちをめぐる環境の変化、加齢による子どもたちの世代とのギャップ、経験を重ねることによる教師としての役割の硬直化」[10]等である。中年教員に対して具体的な配慮をすることは難しいだろうが、そのような「危機」が存在するという事実は心のどこかにとどめておいてもよい。若い教職員は自分に関わる子どもたちだけに溶け込み、一緒に共同作業をして楽しさを分かち合っていたとしても、そんなに大きな問題はない。しかし、40代以降になると「学校全体への目配り」も立場的に必要とされるようになる。周囲からそのような目で見られるということは、「教職生活の収穫の秋にさしかかったすべての教師の課題」[11]なのである。ここに、20代の教職員との大きな違いがある。

　一方で、「子どもとの日頃の関わり」「自らの実践の振り返り」「同僚との交流」の3点が教職としての成長にとって重要項目であるという点はどのような年代の教員にも共通する[12]。子どもとの関わりももちろん重要ではあるが、時には中年以上の教員を含めた「同僚との交流」にも億劫がらずに参加して欲しい。遠足・校外学習・文化祭・運動会・体育祭等の行事の後の「打ち上げ」や歓送迎会、忘年会等は交流のための重要な機会である。

演習2

　1990年に「子どもたちに命の大切さや、動物を育てることのむずかしさ、楽しさを体ごと学んでほしい」[13]という漠然とした思いで、「大きくて存在感のある動物」として豚を教室で飼育するという取組みをした教員がいる。この実践は1992年6月7日付の読売新聞で大きく報道され、「校内飼育の豚食べよう　生きた命の教育」という見出しで、教員からの「最後にはみんなで食べよう」という提案がきっかけで、議論が行われたり、食や命の授業が始まったことが紹介された。最後の部分には、教員のコメントとして、「食べる勇気も必要だけど、食べない勇気も大切と児童から声があがり、少し肩の力が抜けました。主人公は子どもたち。いろいろな意見に感性の豊かさを感じています。結論を急がず、じっくりと話し合っていきたい」[14]と記されていた。

　数日後3通の手紙が学校に届き、いずれも「食べよう」という意見に反対の立場の人からの手紙であった。一人の方からの手紙は、「大変あきれかえり、情けない気持ちでいっぱいです。何の事だかおわかりですね」と始まっていた。家畜とペットとしての豚は、まったく次元の違った立場であるのに、それを混同するのはおかしいという主旨であった。あとの2通も、そんな命の教育はあり得ない、動物に愛情をもつことも教育のうえで非常に大きな意味のあることではないかということが強い調子で記されていたという[15]。

　問　教室で豚を飼育した上記の教員の「使命感や、責任感、教育的愛情」について意見を述べよ。

・
・
・
・
・
・
・
・
・

第3節　養護教諭の「使命感」

　養護教諭の「教育愛」「使命感」は、その他の教員に比べれば校種や社会情勢による変動が少ない。第2節で書かれているようなライフスタイルによる変化も受けにくいといえる。中学校・高校では、受験指導に重点をおく学校や生徒指導に重点をおく学校等の違いも存在する。教員によって、子どもたちとの関わり方も多様である。一方で養護教諭の場合は、どのような学校園でも、どのような時代でも、新任であってもベテランであっても、その職務の基本は子どもたちの健康管理である。養護訓導時代を踏まえて「国の政策と一致することの怖さ」[16] を知っておく必要は確かにあるだろうが、それでも直接の軍国教育を施したわけではなく、目の前の子どもたちの保健指導の方に重点があったということに現代と大きな違いはないだろう。

　養護教諭の場合、志望の契機が女性として働きがいのある職種であるという側面はある。親族を含む身近な存在に養護教諭がいて、憧れを感じていたというケースは少なくない。例えば池田亜紀子は、「母がひとりの女性として、仕事に生き甲斐を見いだしながら働く姿をみて、自然に『養護教諭って素敵な仕事だな』という思いがふくらんでいった」[17] と記している。また、母親として「娘がね、進学のとき、言うんですよ。お母さんみたいにがんばれる自信はないけど、働いてるお母さんが自慢だったからって」[18] と語っている養護教諭もいる。

　養護教諭の圧倒的多数は女性であり、ライフサイクルにおいて、出産・育児と直面する可能性が多く、また「家庭生活の負担が女性教師に重くのしかかるケース」[19] がしばしば存在することもその特質のひとつといえる。

　養護教諭と連携することの多い学級担任とのあいだでの経験年数のバランスも留意点のひとつとなる。経験年数の短い時代は、年配の学級担任のやりかたにある程度自分の方が合わせていかなければならないような側面があるし、逆に自分の方が経験豊富になってからは、自分よりも未熟ともいえる学級担任の言動に対して歯がゆい感情を抱くかもしれない。保健主事との関係性にも同

様のことがいえる。

　確認指標例（p.8 参照）のひとつに「子どもの成長や安全、健康管理に常に配慮して、具体的な教育活動を組み立てることができるか」が位置づけられているが、この項目は養護教諭と関わりが深い。

　同僚との特質の違い等については、第2章の「教職員間の協力関係」に深く関係するので、以下次章で詳しく説明する。

注
1)　佐々木正昭『生徒指導の根本問題—新しい精神主義に基づく学校共同体の構築—』日本図書センター　2004年　pp.81-82
2)　文部省「第9章　学校における非行対策」『生徒指導の手引』1965年　p.180
3) 4) 5)　杉原厚吉『大学教授という仕事』水曜社　2010年　p.25
6) 7)　山崎準二「第9章　教員研修をめぐる現状と課題」東京学芸大学教員養成カリキュラム開発研究センター『教師教育改革のゆくえ—現状・課題・提言—』創風社　2006年　p.170
8) 9)　山崎準二　前掲書　p.171
10)　秋田喜代美・佐藤学『新しい時代の教職入門』有斐閣　2006年　p.114
11)　秋田喜代美・佐藤学　前掲書　p.121
12)　秋田喜代美・佐藤学　前掲書　p.39
13)　黒田恭史『豚のPちゃんと32人の小学生』ミネルヴァ書房　2003年　p.7
14) 15)　黒田恭史　前掲書　p.97
16)　大谷尚子『養護教諭のための養護学・序説』ジャパンマニシスト　2008年　p.137
17)　池田亜紀子「やっぱり「養護教諭」になってよかった」教育科学研究会・藤田和也『保健室と養護教諭　その存在と役割』国土社　2008年　p.151
18)　こんのひとみ『保健室ものがたり』ポプラ社　2006年　p.143
19)　秋田喜代美・佐藤学　前掲書 p.119

第2章 社会性や対人関係能力に関する事項

事項② 到達目標

- 教員としての職責や義務の自覚に基づき、目的や状況に応じた適切な言動をとることができる。
- 組織の一員としての自覚を持ち、他の教職員と協力して職務を遂行することができる。
- 保護者や地域の関係者と良好な人間関係を築くことができる（3節）

事項② 確認指標例

- 挨拶や服装、言葉遣い、他の教職員への対応、保護者に対する接し方など、社会人としての基本が身についているか。
- 他の教職員の意見やアドバイスに耳を傾けるとともに、理解や協力を得ながら、自らの職務を遂行することができるか。
- 学校組織の一員として、独善的にならず、協調性や柔軟性を持って、校務の運営に当たることができるか。
- 保護者や地域の関係者の意見・要望に耳を傾けるとともに、連携・協力しながら、課題に対処することができるか。（3節）

授業内容

- 役割演技（ロールプレーイング）や事例研究、学校における現地調査（フィールドワーク）等を通じて、社会人としての基本（挨拶、言葉遣いなど）が身に付いているか、また、教員組織における自己の役割や、他の教職員と協力した校務運営の重要性を理解しているか確認する。（主として②に関連）
- 関連施設・関連機関（社会福祉施設、医療機関等）における実務実習や現地調査（フィールドワーク）等を通じて、社会人としての基本（挨拶や言葉遣いなど）が身に付いてるか、また、保護者や地域との連携・協力の重要性を理解しているか確認する。（主として②に関連）
- （②③に関連）教育実習等の経験を基に、学級経営案を作成し、実際の事例との比較等を通じて、学級担任の役割や実務、他の教職員との協力の在り方等を修得しているか確認する。

この事項では、「組織の一員としての自覚」ということが重要な要素となる。事項①の「使命感」「責任感」という表現で表されるような教育的情熱は、場合によっては個人プレーともなり得るが、個人個人の意欲を調整する必要性を打ち出しているのがこの事項である。また、教職員同士の協力関係と同時に保護者や地域の関係者との人間関係もテーマにされている。保護者との人間関係が問題となるのは現実的には学級担任のような立場が中心となるので、小学校の教員にとってより切実な事項である。教員集団の規模も一般的には小学校から中学校・高校へと大集団となっていくので、「学校組織」とひとくちにいってもその内容は校種によって異なる。

第1節　教員組織

　渕上克義は、「お互いに働きかけられればそれに答えるが、通常は個々の独立性と分離性が保たれている状況」[1]を「疎結合」と位置づけ、「教師集団は、学級王国や教科指導の独自性に見られる疎結合としての側面と、生徒指導にみられる共通理解にもとづいた強固な同調性の二つの側面が共存している」[2]と論じている。

> 　派閥は学校の表の構造（たとえば校務分掌にもとづいた部署ごとの人間関係）だけでなく、いわゆる裏の人間関係でも形成される。この派閥が作られる主な原因は人間の好悪感情、利害関係、価値観の相違などにもとづいており、学校では表の人間関係から生じた派閥以外に、学閥・飲み仲間・組合と非組合・世代間・男性と女性などの派閥ができやすい。
> 　このような派閥にもとづいた人間関係は、①派閥内でのまとまりを高め、②集団成員個々の個人的な欲求（人から認めてもらいたい、義理や人情などの情緒的温かさ、普段いえない不平や不満を述べられる）を満たす働きがある。ところがその反面、他の集団を排除したり、特定の情報を占有したりすることによって、組織全体の健全な運営にマイナスの影響を及ぼす。

帆多留萌は、「ほとんどの教師が複数のタイプにあてはまる」ということを前提としながら、教師の類型として9つの「系」を提示している。

　①まじめ系―生徒とよく対話するが、なれ合いは嫌い。家でも仕事。
　②さぼり系―仕事熱心ではないが、やらなければならないことはやる。
　③有能系―影響力と存在感を誇る
　④頼りない系―「抜けている」が、憎めないところも
　⑤不適性系―心的病気に起因するものと、「超さぼり」によるもの
　⑥リベラル思想系―思想で生きる（？）が「うるさい」人も
　⑦保守系―きっちりしていて立派な人も多いが、上の言うことに忠実すぎる人も
　⑧上昇志向系―どうしてもゴマすりが目立つ
　⑨学者・文化人系―「人生は楽しまないと。学校のこと？よく知りません」
　その他―生徒重視系、豪快系、バイタリティ系、意固地系[3]

　見かけ上よく仕事をするのは①③⑦⑧となり、この系列の人間が「主任」となることも多い。そして、このような類型と同時に年代や性別、社交性等が絡み合って構成される「小集団」は、ほぼどのような学校現場にも存在する。「基本的には、自分の専門を生徒に教えたいから、あるいは生徒との触れあいを楽しみたいから、などの理由で」[4]教員になった者が圧倒的多数のなかで、⑧のグループが学校運営上必要で形成した仲間集団が、現場では少々浮き上がったグループになっていくという構図はよくある。⑦⑧系の教員には「自分たちこそが学校の中心となって動かしているのだ」という自負をもつ者も多く、そのことは他の教員から見てときには高慢な印象に受けとめられる。「多くの教師は、管理職のする学校経営―事務的な仕事、対外的な仕事が多く、教師を動かし、学校を管理・維持し、教育委員会の方針に従って学校を変えていく―といったものを得意としていません」[5]という指摘は的確であり、管理職の先生方は「皆があまり得意ではない―避けたいような仕事を敢えてしていただいているのだ」という感謝の気持ちで彼らを評価することが「教職員の協力体制づくり」のためには必要であろう。

演習3

　教員の感じる働きがいはベテランになるほど落ちている。そんな結果が全国の教員1万人を対象にした、社団法人「国際経済労働研究所」（大阪市）と日本教職員組合の共同調査で明らかになった。一般企業の従業員とは正反対の傾向であり、特に男性教員で働きがいの「劣化」が激しかった。

　2010年11月から2011年1月まで、全都道府県の小中高校、特別支援学校の日教組組合員から1万2,376人を無作為に抽出して調べ、8,320人から回答を得た（回収率67.2%）。

　これを、研究所が190余りの企業の労働組合員を対象におこなった今回の設問の一部を含む調査から、2万人余りを抽出した結果と比較した。つまり、ともに管理職ではない組合所属の現場の先生と企業従業員の実感を比べたものだ。

　「今の仕事が楽しい」かどうかを尋ねたところ、教員で「そう思う」と答えたのは、30歳未満80%、30代75%に対し、40代67%、50歳以上59%と中高年で急降下した。

　「今の仕事を続けたい」も30歳未満、30代ともに76%、40代74%だったのが、50歳以上55%と急落。「今の仕事にとても生きがいを感じる」も30歳未満74%、30代73%に対し、40代69%、50歳以上62%と低下した。

　一方、企業の従業員の場合は、「続けたい」と答えたのは30歳未満の39%が50歳以上で52%に、「生きがいを感じる」も30歳未満の23%が50歳以上で32%になるなど、ベテランほど働きがいが増す傾向がある[6]。

　問　上記のような状況が生まれる原因について自由に意見を述べよ。

第2節　養護教諭の特質

（1）一人職

　大規模校や支援校では複数配置の学校もあるが、ほとんどの学校において養護教諭は「一人職」として存在する。「一人職」であることは職場にどのような影響をもたらすのだろうか。

　すぎむらなおみは、はじめての赴任先は、女子高校で「当時まだ23歳。若かったし、その学校でははじめての養護教諭」だったので、保健室は連日おおにぎわいであったのが、転勤して定時制高校に赴任すると「夜の校舎は、暗いから。女性ひとりで保健室にいるなんて、とんでもない」[7]という理由で「わたしの居場所は職員室入り口ちかくの席だけ」[8]になってしまい、職務内容が劇的に変化したことを記している。

　「一人職」である養護教諭については、このように「異動」に伴う適応の難しさも悩みのひとつである。「一人職として仕事を遂行する養護教諭の場合、他の養護教諭の実践を見る機会は限定されている。そうしたことから『異動』が他の養護教諭の仕事を見ることのできる機会として機能する」[9]のである。

　中学校・高等学校の場合、多くの教職員は「教科会」「学年会」「分掌」と複数の「所属」があるが、養護教諭の場合は通常「所属」が「保健部」（「健康体育」）1つに限定される。「一人職」であるうえに所属集団も限定され、どちらかといえば、受け身的な対応になる仕事が多い。自ら積極的に動かなければ、他の教職員との人間関係を広げていきづらい特質があるともいえる。

　一方で、同じ「一人職」である校長とは、全校生徒についてそのプライバシーを知り得る機会がある等類似点も多く、「養護日誌」等で日常的な情報交換も多い。教員への「評価制度」が強化されていくなかで、「養護教諭が校長先生の側についてしまって、クラスで起きた問題についてどんどん校長に告げてしまうということもある」[10]という報告も一部ではされている。養護教諭が職務上知り得た情報が、学級担任か管理職かいずれの方向に流れるのかは生徒にとっても極めて重要な問題であるが、その判断も一人単独でしなければなら

ないことも多く、養護教諭にとって負担にもなる。

　例えば白鳥クニ子は、遅刻・欠席も多く生活態度もよくない「満子」という生徒に対する指導において、管理職と共同歩調をとって卒業へと導いた事例を報告している。会議では一部の職員からは「全職員に話せないような信頼関係のない職員組織には疑問を感じる」との発言も出現し、性被害にあった生徒であるためやむを得ない背景もあったのだろうが、満子の学級担任との共同歩調はできなかったのか筆者にとっては少々残念な部分もある[11]。

（2）生徒への対し方

　一般に養護教諭は成績評価をしない唯一の教員としてもその特色が指摘されるが、それ以外にも生徒への対し方という点で、授業担当の教員とは異なる特色をもつ。例えば、藤原里美は養護教諭向けの生徒対応として次の4点を指摘する。

①　そのまま受け入れてみよう
②　こどもは全身で自らを語っている
③　流れに任せて様子をみる
④　子どもの思いを聴く[12]

　子どもが「教師のことを悪く言う場合」の対応では、多くの教員は同僚が悪く言われた場合には立場上何らかの注意は必要であるが、養護教諭の場合は「そのまま、その子どもの今の思いとして聞くこと」が大事であるとされる。「言葉を聴くのではなく、その裏に隠されている思いを感じ取る」[13]のである。つまり、子どもが、例えば自分の家族の批判をするのも教師の批判をするのも養護教諭の立場からみれば子どもたちのありのままの内面をそのまま受けとめるという点で同一なのであり、このような対応ができるのは養護教諭のひとつの特質であるといえる。

　密室であるからこそ他の教員には職務がわかり辛い一面もあるが、保健室での生徒対応も教育活動として認めるべきだという主張もある。皆勤賞対象の生徒が一度だけ遅刻した。その遅刻の時間に保健室にいた事例をもとに「養護教

論の教育活動」について白鳥クニ子は強い問題提起をしている[14]。

　教材研究をすることによってよりよい授業を目指す立場の教員ならば、時間的に余裕のあるような態度はあまりよい印象ではないかもしれない。余裕があるならば、その時間を教材研究にまわすべきだという雰囲気は存在するだろう。しかし、養護教諭の場合は一概にそのようにはいえない面もある。

　例えば「養護教諭の仕事がヒマそうに見える」ということについて、中田行重はファシリテーションのなかで、対比的な見解を述べる2人の養護教諭を紹介している。

> Q:「私は仕事をしてないと悪いと思うから。養護の仕事はヒマ、と思われるのは嫌だから。カウンセリングの本でもちょっと読んで勉強はしたいけど読まんようにしている。そして何か仕事はないか探す。掃除するところはないかとか」[15]
> J:「養護の先生として分からないことの1つは『30品目食べましょう』とか『夜よく寝ましょう』とか全体集会で訴えても、中には親が10時に帰る子もおるし、そしたら私が『夜よく寝ましょう』とか言ったら、11時に寝ることは悪いことじゃないか、とその子は思うんじゃないかと思う。その子にとっては親が帰ってから安心して寝る方が大事な訳でしょ。そしたら結局1対1でやっていく所に養護の仕事の大切さがあるんじゃないかと思う。だから暇そうにしてることも大切と思う。」[16]

　このように当事者の側でも「ヒマそうに見える」ということについて少々異なる見解が存在しているが、子どもの方から見れば、養護教諭があまり余裕のない状態というのは相談しにくい雰囲気となるかもしれない。

(3) 密室性

　他の教員にとって目の届きにくい密室であるということは子どもたちに安心感をもたらす一方で、さまざまな傾向の子どもたちへの対応を密室で処理しなければならないということは養護教諭にとって負担となることも多い。

> 少ししたら生徒たちも落ち着くと期待していたのに、今度はなんでもない生徒のたまり場（特に昼休み）のようになってしまった。養護教諭は、生徒たちの様子を観察しているがどのように生徒に働きかけたらよいのかわからない。保健室に来た生徒は先ず受け入れようと思ってやっているようだが、具合の悪い生徒がいた場合にもはば

かることなく喋っている。
　そんな時、からだの不調を訴えた生徒が教室に入れなくなり、2週間ほどにぎわっている保健室で遠慮がちに過ごした後、不登校になってしまった。養護の先生はすごく責任を感じたが、具体的にどうしてよいのわからない。
　保健室は狭くて、保健室登校を受け入れられるスペースはなく、保健室に代わる相談室利用ができればよいのだが、無人の部屋に一人では置いておけない。余りにも大勢の生徒が出入りしている保健室に他の先生方は、賛否両論[17]。

　養護教諭の属する校務分掌の応援体制にも関係はあるが、上記のようなケースは密室であるがゆえに生じてくる面もある。子どもとの言葉の応酬を考えた場合でも、職員室であれば他の教員が「証人」となる場合もあるが、密室で行われる言葉のやりとりでは「第三者」が存在しないために、子どもと教員とのあいだで見解の相違があった場合には外部に説明が難しい。密室でのみ他の場所では見せない表情を見せるような子どももいるので、該当の子どもについてのイメージが他の教員と養護教諭とでまったく異なってしまうようなこともあり得る。以上のようなことは密室であるがゆえに生じる特質であるといえる。

演習4

問　学級担任をしている子どもAが「体調不良のため保健室のベッドで横になりたい」と訴え、直後に別の生徒Bが相談に来室し、さらにその後別の生徒集団Cが来室した。しばらくしてから、Aが机の上に置いてあった貴重品がなくなっていることに気がついた。養護教諭がBとの対応にも忙しくしていた時間帯に、生徒集団Cが盗難したという可能性があるが、どのような対応が考えられるか。

・
・
・
・
・
・

（4）養護教諭をめぐる歴史

「保健計画実施要領（試案）」（中学校は1949年、小学校は1951年に作成）では、「養護教諭の主体的な役割の幅が狭くなったように考えられる。この背景としてはこの当時は占領下にあったため、この案の基盤にアメリカのスクールナースの制度の考え方があった」[18]とされる。

1949年から1953年のあいだは、教員養成制度のなかで養護教諭のみが大学での養成がなされない時期で、「保健婦助産婦看護婦法」に基づく看護婦または保健婦養成によって養護教諭が養成されていた。

1950（昭和25）年から生徒数1,406名、教職員60名の大規模な進学校（長崎県立長崎東高等学校）に勤務した高原二三の記録「子ども達との心の結びつきを大切にして」では次のような記述がある。

> 当時は、保健室のことを医務室と呼んで、・けがの治療や病人の世話をするところ、・予防接種や検便検尿をするところ、・身体計測やいろんな検診をするところ、・結膜炎、トラコーマ等の治療をするところ、などと診療所のような所と考えられていた。また私のことを学校教育法によって「養護教諭」と呼ぶように定められているにもかかわらず「看護婦さん」と呼ぶ先生や生徒が少なからずいた。その上「赤チン先生」とか「目洗い先生」とかげ口さえいわれた。一般的に見てその程度の理解しかなされていなかったのである。
> 　健康診断は「身体検査」といい、その実施はすべて放課後に行われていた。現在のように学校行事として実施されるのではなく、学校医と養護教諭が中心となって活動したものである。学校医との日程の決定や運営には何時も神経を使ったものである。
> 　実施に当っては、男子生徒の中には放課後の健康診断をいやがり、サボって帰るものもいて、体育の教師が校門に立ち番をしてこれをくいとめるということもあった。検診の日程も一日一学年の割で実施し、検診終了が勤務終了時刻をはるかに過ぎ、クタクタに疲れ果てるのが常であった。
> 　検査後の処理もすべて養護教諭に一任され膨大な仕事の山を抱え孤軍奮闘した[19]。

この記述から読み取れることをいくつか列挙してみる。

① 部屋の呼称が「医務室」から「保健室」へと変化してきており、そのことは保健室の役割の変化と関連があること。

② 「身体検査」という呼称についても戦後しばらくは戦前からのものが継

承されており、学校行事として実施されていなかったため養護教諭にとっては相当な負担であったこと。
③ 「学校医との日程の決定や運営」に養護教諭が神経を使い負担を感じているという構造は、程度の差はあるにせよ60年前と現在とで基本的には同じであるということ。

学校外部の機関との調整に関する業務の困難さが他の職員には見えづらいという点は現在も大きな違いはない[20]。

1952年以降数年間は養護教諭配置数が「横這いの状況を推移」[21]した唯一の時期であるが、1955（昭和30）年から1962（昭和37）年にかけて千葉県が地財法の適用を受けた時期に養護教諭として勤務し、千葉県養護教諭部会初代部会長もした坂本久は次のような記録を残している。

> 地財法の適用をうけた千葉県では、少数の養護教諭をどう執務させて学校保健の成果をあげるかが課題であった。そこで県当局は養護教諭の配置基準を児童生徒2,200名に1名という基準を出した。当時文部省基準は小学校1,500名、中学校2,000名であった。機会あるごとに養護教諭1校1名、学校教育法103条の撤廃を要望したにもかかわらずこの状態である。2,200名を1名の養護教諭が管理しなければならない情勢の中にあって、千葉県では数校をかけもちするという変則的な勤務が始まった。最も多い人は、6校も兼務する人もあり本当に筆舌に現わすことの出来ない事例もあったのである。千葉県養護教諭部会はこの兼務排除のための戦いが10数年も続いたのであった[22]。

単独で6校に兼務するという事態はかなり特異なケースであったかもしれないが、このようなケースが存在したという事実は、その時々の行政側の財政状況によって養護教諭の勤務の在り方も大きく変容することを意味している。

1958（昭和33）年の学校保健法は、教育基本法や学校教育法から随分遅れたとはいえ、戦後の学校保健が法的に確立された重要な節目であり、養護教諭も学校保健専門員としての重要な役割が期待されるようになる（同時に学校教育法が一部改定され、保健主事の補助者に養護教諭が位置づけられるという問題点も指摘されている）。

養護教諭養成にとってもう1つの重要な節目は、9か所の国立大学に養護教

論養成課程が設置された1975（昭和50）年であり、国立教員養成大学・学部のなかで教諭と養護教諭の養成が制度上ようやく同等になる[23]。

　しかし、昭和50年代後半に中学生であったという池田亜紀子がはじめて勤務した中高一貫教育の私立の進学校では、「看護教諭」という呼称で生徒や保護者に紹介された事例（1980年代半ばと推測される）や、さらにこの学校では保健室が「印刷室と同じ部屋」で、「印刷機の音が一日中なりやまない保健室、陽のあたることのない狭い保健室」[24]であったことが象徴するように、一部では養護教諭に対する理解不足が残っているといえる[25]。

　このように考えていくと、「昭和40年頃からの養護教諭の定数改善に伴う養護教諭の増加と子どもの心身の健康問題の複雑さ、そして養護教諭の実践の努力によって次第に『一般教諭からの差別感』は解消されたのだろう。」[26]という指摘が一般的ではあるが、「学校という組織は一般的に『一人職』に対して冷たい」という構造には大きな変化はなく、社会情勢や「意識」の変化に応じた「連携」が今後も求められていくだろう[27]。

（5）連　携

　徳山美智子は連携を「同じ目的を持つ者が互いに連絡をとり、協力し合って物事を行うこと」と位置づけたうえで、例えば「健康相談活動における連携」を「児童生徒の身体的、精神的、心理的・情緒的あるいは社会的要因を考慮しながら、学校内外の関係者の立場の情報を共有し、多角的視野で児童生徒を理解して、その成長発達に向けて、適切な判断のもとに行動化していくこと」[28]と定義し、「最も基本となるのは、養護教諭と担任との連携であり、この連携の在り方が支援の成否を決定づける場合が多い」[29]としている。

　平岩美祢子は、学級担任と養護教諭とは父と母の関係に似ていると指摘している。役割の違いとして、学級担任は集団としての学級を抱えていて、「学級の一員として、こうしてほしい」「自立してほしい」など父親的な働きかけになり、養護教諭の方は保健室で個人としての子どもに関わり、母親的に受容して聴くことができやすいとされる[30]。学級担任の側は「あるべき姿」を提示し、養護教諭の側は「あるべき姿」と微妙に異なる子どもに個別に対応する、

というような分担は確かに存在する。学級担任と養護教諭との言葉のやりとりから「連携学」[31]を考察していくことは1つの方策である。

養護教諭の側から「担任に約束してもらわなければならないこと」として、「生徒が、養護教諭に話してくれたことを、必ず担任は自分の耳で生徒の口から聞き取ってもらうこと」[32]と白鳥は指摘する。そうしなければ、「養護教諭しか知らないはずなのに」とその生徒は不信感を感じることになり、両者の信頼関係が崩れてしまうからである。

養護教諭が知り得た情報が、他の教員に伝わるには時間差が生じるということを全教職員が理解しておくことは、その職場の生徒指導の方針も微妙に影響はするが、重要な共通理解といえる。

> 学級担任としては、通俗的な生徒指導上の問題（非行対策・校則違反など反社会的問題行動）は一刻も早く知って、早期に対応したいということになるのであるが、重大な問題（他の児童・生徒に大きな悪影響を与える等）にならない限り、養護教諭が知り得た情報を担任に伝えるのが多少遅れることは、本人のためにあり得ることである。そのことを事前に全教師が共通理解しておくことが必要である。通俗的な生徒指導に熱心な教師は、そのように全教師で申し合わせをしてもなお、本人には言わないから即刻担任に知らせるべきだと主張する教師がいる[33]。

中村孝太郎は上記のように指摘し、「即刻担任に知らせるべきだと主張する教師」に問題提起している。

養護教諭と生徒指導との関わりついて西川路由紀子の「養護教諭のための教育実習マニュアル」の「生徒（生活）指導」（中学校の場合）の項目を基に具体的に考察してみよう。

① 茶髪、マニキュア、ピアスなどのおしゃれをして来る生徒
② けんかをして殴られてけがをし、興奮して来た生徒
③ 怠けて授業に出たくなくて、保健室に何回も来る生徒
④ いじめを受けていると相談に来た生徒
⑤ たばこが常習になってしまった生徒
⑥ 妊娠したかもしれないと相談に来た生徒[34]

例えば①の項目では、生徒指導担当としては「茶髪、マニキュア、ピアス」

などは指導の対象であり、指導の厳しい学校ではその場でマニキュアの色を落としたり、下校させて茶髪をもとの色に戻させるように指示する場合もある。そうした場合でも、「養護教諭は、茶髪・ピアス・喫煙に関する体に及ぼす影響については、個別に保健指導をします。この際、なぜ、この生徒がそのような行為を行うようになったのか、その心に耳を傾ける」[35]ことを促すことをマニュアルとしている。「心に耳を傾ける」ことの結果として養護教諭が該当生徒のふるまいに深い共感を示した場合に、生徒指導との調整が必要となる局面もあるかもしれない。

②のような場合は、養護教諭の役割は救急処置に限定されることが多く、生徒指導との役割分担は比較的スムーズである。

③についてマニュアルでは「あきらかに怠惰な生徒については、保健室で一人で抱え込まず、担任から指導することが有効」[36]とあるが、実際の現場ではどこまでを「怠惰」ととらえるのかという判断がたいへん難しい。他の教員から見れば「怠惰」と思われている生徒が、実は養護教諭にとっては何らかの事情を抱えた生徒である場合もある。担任に報告するタイミングもどの段階ですべきなのか悩ましい。生徒指導との調整が最も難しいパターンのひとつともいえる。

④については「じっくりと事情を聞き、状況を把握したうえで教育相談部会で報告、対策を検討」[37]とマニュアルにあるが、いじめの加害者の側の人数次第では状況確認のために相当の時間を要する場合もある。「教育相談部会」という形で会議をするのではなく、生徒指導会議に関係者を取り込むような形の場合や加害生徒が複数の学級にまたがっている場合もあり、さまざまなパターンが考えられる。加害者側の生徒と被害者側の生徒とで認識が大きく異なる場合もあるし、そもそも「いじめ」ととらえることが妥当なのかどうか悩ましいこともある。

⑤についてマニュアルでは①のケースと同じようにすぐ担任、生徒（生活）指導主任に連絡することを促しているが、外見ですぐに判断できる①の事例とは少々対応が異なるかもしれない。

⑥は高等学校では決して珍しい事例ではない。「秘密」の取り扱いとして最

も慎重になるケースのひとつだろう。担任、管理職に情報を流すタイミングや家庭との関係、該当生徒の心のケアなどさまざまな配慮が必要となる。

以上の「回答事例」のあと「ワンポイントアドバイス」として「生徒指導は、保健室における健康相談活動や保健指導とは異なる性格を持ちます。生徒指導担当者と同じ形式での指導は避けましょう。常に養護教諭の立場で、児童生徒に当たることが大切です。保健室は常に受け入れる場であることを忘れないよう指導しましょう」[38]とマニュアルではまとめられている。このアドバイスは養護教諭向けのものとしては、的確であり、その通りだと判断されるが、ただ生徒指導を担当する教員から見ると少々抵抗があるかもしれない。集団に対してある程度同じ基準で指導を進めていかなければならない生徒指導の立場からすると、養護教諭がどんな問題生徒に対しても「常に受け入れる」[39]という姿勢を強く打ち出してくると「連携」が難しくなることもあるだろう[40]。

第3節　保護者との関係

福田眞由美は、1960年代以降の保護者と関わるトラブルについて、1960年代から1970年代初めは「学校に対してのイチャモン（無理難題要求）は、概ね個人レベル」[41]で担任もしくは学年主任でほぼ解決でき、当事者以外の親は、誘われても応じることはごく稀であったのが、1970年代後半から1980年代は「地元と共存してきた学校に対して、多様な価値観をもつ新たな住民が、それぞれの価値観から学校に要求をしてきた時期」[42]で担任レベルの要求が学校レベルの要求に高まっていった時期であるとしている。

さらに、1980年代後半から1990年代には「保護者が学校だけでなく教育委員会や議員にまで提訴」[43]するようになり、より力の強いものを見方にして、自分の主張を通そうとするようになってきたとしている。1970年代以前に比べると、1990年代以降は保護者が集団でクレームをつけてくることが多くなり、具体的には、若い先生や気の弱そうに見える先生に対して、嵩(かさ)にかかった

言い方や態度で自分の考えを押しつけてくるという[44]。

　1970年代以降のトラブルについてのこのような年代別の変化は、同一の保護者の行動がエスカレートしていく軌跡にも類似する。つまり、最初は個人レベルであった要求が、担任レベルから学校レベルに変わり、さらに教育委員会レベルになり、同時に問題提起する保護者の方も集団化していくことによっていっそう問題が深刻化・拡大化していくのである。学級担任や学校長をとばしていきなり教育委員会に苦情を申し立てるような事例も出現していくのが現代の実態と認識してよい。

　教師に対する社説のタイトルに登場する言葉の頻度の変遷から陣内靖彦も同様の指摘をしている。1970年代以降に教師の問題は社会的な次元から対生徒・保護者の次元に移行した[45]。

　いわゆる「モンスターペアレント」をめぐる見解には大きく分けて2つのものがある。第1は、「モンスターペアレント」は基本的には存在しないという見解である。教師に対する厳しい要求や苦情は存在するが、誠意をもって対応すればどんな保護者であってもどこかでわかり合えるはずだ、という認識であり、例えば下記のような論調である。

　　　保護者との信頼関係構築の第一歩は、保護者の真意を誠意ある態度で、丁寧に聞き、要求・苦情の背景や要因等をしっかり汲み取り、事の本質を見極める冷静な判断力と迅速な対応が大切である。時として、我が子可愛さに、厳しい要求行動や激しい言葉を発する場合もあるが、我が子の満足した明るい表情を見て不満を抱く保護者はいない。保護者と学校・教師の信頼関係の原点は、「子どもの姿」そのものにある。
　　　また、厳しい要求・苦情などの対応には、教師一人で抱えることなく、教職員全体で情報共有し、学校全体の組織力で対処していくことが重要である[46]。

　第2は、たとえ少数であっても病的なモンスターペアレントは存在する、という見解である。例えば下記のようなものである。

　　　2種類のモンスターペアレント
　　　1種類目は、あくまでも「うちの子さえ良ければ」という保護者の延長であるモンスターペアレント。もう1種類は、病的なモンスターペアレントである。
　　　この境界は難しい。しかし病的なモンスターペアレントをいかに見極めるかは学校

の運営と、教師個人の精神面に大きく関わる[47]。

　これから教職に就こうとする学生に対しては、基本的には第1の立場を推奨したい。モンスターペアレントという呼称自体が、保護者との共通理解を育んでいこうという姿勢を邪魔してしまうような面はある。ただ、たった1人の保護者が相手であったとしても、激しい苦情に丁寧に対応するには強烈なエネルギーと時間を要する。時間が無制限に存在するならば、どこまでも対応を続ければよいだろうが、まともに対応していると教員が心やからだを痛めてしまうようなケースは現実に存在する。生徒への指導についてもいえることだが、個人の力量をどこかで区切らなければならないような事態は想定しておく方がよい。

　また、保護者がなぜ苦情を訴えてくるのかその背景については冷静に考察していく姿勢も必要である。苦情の主体となる保護者とその子どもとの関係を考察すると、関係性が極めて濃厚な場合と逆に疎遠な場合とが存在する。嶋崎政男は親子関係に着目して、クレーマーを①溺愛・偏愛型、②過干渉・過支配型、③放任型の大きく3つに分類している。

　①溺愛・偏愛型は「先日の運動会で、うちの子が1位だったのに2位にさせられた。校長に1位にするよう教育委員会から言ってください」「学級便りに、わが子の名前が載ることが少ない」「遠足の写真に、かわいく写っていなかった」「校門の所で会った先生が『さよなら』って言ってくれなかったと落ち込んでいる」といったことが具体例となる[48]。

　「このタイプの親のクレームは、子どもかわいさゆえのものです。その点さえしっかり押させておけば、問題がこじれることはほとんどありません。親心の受容に始まり、親心の受容に終わる」[49]とされる。

　クレーム対応に最も苦慮するタイプとしては、②過干渉・過支配型が指摘されている。

　　保護者が強い「枠組み」（子どもは○○の職業に就かせたいなど、保護者としての
　　思いや考え方）をもっているためです。溺愛型の保護者が子どもを「ペット化」する
　　のに対し、このタイプの保護者は子どもを「ロボット化」あるいは「DMC化」して、
　　自分の思い通りに育てようとします。

その邪魔をする人や機関は、皆"敵"です。攻撃し、降伏させなければなりません。このため、クレームも先鋭化・重度化するのです。
　子どもの多くは、保護者の手厚い庇護のもと、「よい子」として過ごしていますから、保護者にとっては、豊富な情報を提供してくれる"力強い戦友"となります。教師のミスは見逃さずに家に帰って報告します。親はその情報を基に、教師に対してクレームをつけることがあります。
　「よい子」はときに暴発します。少年による肉親殺人事件の多くの事例に、それまでの過干渉・過支配の育て方への反発が見られます。殺人には至らなくとも、思春期の反抗のなかには、それまでの保護者の強圧的な支配への反抗、という形をとるものもあります。保護者の怒りや悔しさは、身近な存在である学校（教師）に向けられます。わが子を変えてしまった元凶を探し求めるのです。
　このクレームに対するには、相当な労力が必要となります。教師が心身ともに疲れ果てて、教壇を降りる事例は、ほとんどがこの型のクレーム対応といってよいくらいです[50]。

上記の引用で指摘されている「少年による肉親殺人事件」とは、例えば1979年の「エリート少年殺人事件」（高校1年の少年が祖母を殺害）がその典型である。

第3章　祖母
　祖母のみにくさは筆舌尽くし難い。そのみにくさは私への異常に強い愛情からきている。私の精神的独立を妨害し自分の所有化に置こうとするものだ。
① 薬　飲み残した薬の数まで勘定して怒るのだ。
② 夜食　自分を独占しようとして夜食を押しつける。祖母は自分とのつながりを確認して満足している。
③ 夜の布団掛け　夜中に寝室に入ってきて布団を掛け直し、翌朝、あんな格好をして寝ている、と注意する。
④ 部屋のあら探し　学校に行っている間に部屋に入り、いろいろとあらを探す[51]。

「夜の布団掛け」「部屋のあら探し」は過干渉の一例といえる。見方を変えれば「親離れ・子離れができない保護者」[52]ともいえる。過保護であったり、保護者自身が強い不安を抱いていたりするのである。
　子どもとの関係が疎遠な場合としては、③放任型がある。

　　子どもを「ほったらかし」にしている親が、子どものことでクレームをつける場合は、①放任の姿勢を責められた、あるいは責められそうになったとき、②放任の姿勢

を責められることを避けるために、子どものことを真に思う親を演じるとき、の二つのケースに分けられます。

「普段は子どもへの関心が低く、あまりかまってやれない分、教師へのクレームを通して、その"埋め合わせ"をするかのように、子どもを守る保護者の役割を果たそうとする」。極端な場合は、「日ごろ不仲であった両親が、共通の攻撃対象をもつことによって、一時的な"平和協定"を結ぶかのような光景」もある。

子どもにとっては一瞬の安息のときですが、いずれまた夫婦の危機を目の当たりにするのではと、常に不安な心理状態に置かれます。また、いつもは放任・拒否されているのに、突然、愛情深い保護者のように振る舞われても混乱するばかりです。

そんなアンビバレンツな態度の保護者のクレームに対するには、教師の側にも強靭な精神力が求められます[53]。

いずれにせよ保護者からのクレームの最前線にいるのは学級担任である[54]。親子の関係性やもともと保護者の側に存在しているような人格的な問題、PTAや学校評議会との関連性、また社会が学校に要請している役割等さまざまな観点からの考察が保護者との関わりについては重要である。演習や第2部の役割演技をもとに具体的な事例研究を進めよう。

演習5

充分な量のお茶を用意するよう指導していたが、運動会当日多くの子どもは自分の水筒のお茶を飲みつくしてしまった。このような状況で、ある保護者が自分の子どもだけにペットボトルのお茶を差し入れした。

問　このような保護者に対してどのような対応が考えられるか。

・
・
・
・
・
・

注

1) 2) 渕上克義「職場内での教師の人間関係」蘭千壽・古城和敬編『教師と教師集団の心理』誠信書房 1996年 p.186
3) 帆多留萌『高校教師 その本当の姿を知っていますか』日本文学館 2006年 第Ⅰ章「どんな人が教師か」
4) 5) 帆多留萌 前掲書 p.129
6) 朝日新聞 2011年9月26日付・朝刊
7) 8) すぎむらなおみ『エッチのまわりにあるもの』解放出版社 2011年 p.3
9) 藤原文雄『教職員理解が学校経営力を高める』学事出版 2007年 p.125
10) 大谷尚子『養護教諭のための養護学・序説』ジャパンマニシスト社 2008年 p.176 では以下のような実態も報告されている。

　　学級担任は、自分のクラスから保健室登校の子が出ると、自分の評価に即繋がっていくことになり、できるだけ子どもを保健室に行かせないようにします。養護教諭のほうも、「あの担任は、いつも保健室登校の子を出すのよね。担任の力がないなら、どんどん保健室に寄こせばいいのに」という話になったりして、その辺りが両者でズレてしまっているのです。
　　そのズレを、先の指導主事は次のように話しました。
　　「保健室登校とか不登校は、学校の中のあることがきっかけになってそうなるだけであって、その子自身の抱えている問題があるのです。あるクラスで保健室登校の子が出たとき、養護教諭としては『やっぱりあの先生だからね』と言うのではなくて、一つのチャンスとして捉えられるのではないでしょうか。教師や親がその子のことを一緒になって考える機会が来たのです。問題を浮き彫りにしやすい担任として、むしろプラスに評価できるのではないでしょうか。」
　　2)協働関係を壊しかねない「評価制度」
　　今、教員が評価される時代になって、この辺りが難しいところです。
　　養護教諭は子どもを成績で評価しないということになっていますが、ややもすると学級担任を評価する材料を管理職に流していて、教員から見るとちょっと煙たい存在になってしまうかもしれません。子どもを中心として、担任と協力しなければならないのに、担任と手を組めない状況を養護教諭が作ってしまうかもしれません。その点に意識を向けながら、学校の中で養護教諭の立場を作っていかなくてはならないでしょう。

11) 白鳥クニ子『養護教諭の保健室日誌』光陽出版社 p.47 では以下のような記述がある。

　　「私は、不登校のために出席時間数が不足してしまった生徒に対しては、補充授業をしても卒業させてほしいと担任と一緒にお願いしました。そして、不登校の生徒への対応は、年度いっぱいかかっても補充授業をするということで、職員の理解が得られたのです。しかしその時、補充授業の対象者に満子さんも是非入れて欲しいと、私が強くお願い

したことから、話は難しくなってしまいました。」
　「たしかに3年生になってからの満子さんの出席の状況や遅刻・早退の状況は、決して褒められたものではありませんでした。授業を担当している先生にしてみれば、認められるものではなかったと思います。しかし、私には満子さんのこの生活態度の裏にあるものがわかっていました。そして、このまま留年や中途退学という事態をむかえることが、満子さんにとって非常に悪い結果になると思ったのです。」「たとえみんなと一緒に3月1日の卒業式に出席できなくても、卒業という形で学校を出て、胸を張って生きていく条件をつくってやりたいと思っていたからです。」(p.48) という意志のもとに養護教諭は職員全体に働きかけ、「理由は言うわけにはいきませんが、こういう生徒はどうしても卒業させていただきたいと思います。」と発言し、最終的には「校長の私の責任で卒業を目指させたいので、先生方には補充授業をよろしくお願いします。」という言葉で会議はおさめられた。この会議の過程で「全職員に話せないような信頼関係のない職員組織には疑問を感じる」という発言があった。

12)　藤原里美「問題行動のとらえ方　2節行政の立場から」高石昌弘・鈴木美智子『子どもをとりまく問題と教育　第17巻　保健室における養護教諭の対応』開隆堂出版　2003年　p.54

13)　藤原里美「問題行動のとらえ方　2節行政の立場から」高石昌弘・鈴木美智子　前掲書　p.57に以下のような記述がある。

　　子どもが教師のことを悪く言うときどうすればいいか。そのまま、その子どもの今の思いとして聞くことである。一緒になって悪口を言う必要はないが、軽く相槌を打ってやるのもいい。つまり子どもの思いと自分の思いを区分して聴くことである。ためた思いをしっかり吐き出せた子どもは、自分のとった問題行動にも気づくからである。

　　子どもの思いを聴くというのは、言葉を聴くのではなく、その裏に隠されている思いを感じ取ることである。例えば母親のことを「あのクソババア」と吐き捨てるように言いながらも、心では泣きながら母親を求めていることがある。

　　また、じっと座ったまま何も話そうとしないこともあるだろう。そういうときには、話せない子どもと、その時間を黙ったまま共有すればよいのである。

14)　白鳥クニ子　前掲書　p.64では
　　「教育活動としての保健指導」として、ある教科担任から「私の授業に1回遅刻している。だから対象にはならない」という発言があり、教科担任から、保健室発行の「入室許可願い」に、授業開始5分後の時間が記入されていたことを問題にされた事例を報告している（前掲書　p.60）。結果としては、ある教員が「たった10分間の休み時間に、養護教諭があれだけの生徒と対応すること自体困難で、一人ずつ話を聞いていれば遅れる生徒がでるのは当然です。生徒が怠けていたわけではないので、皆勤賞の対象とすることに異義はない」という保健室の状況を理解してくれる意見を出したことにより事態はおさまっ

が、白鳥がこの職員会議で主張したかった本意は、「養護教諭が行う保健室での保健指導は教育活動として認められてよいのではないか」（前掲書　p.64）ということであった。
15) 中田行重『問題意識性を目標とするファシリテーション』関西大学出版部　2005年　p.56
16) 中田行重　前掲書　p.57
17) 宍戸洲美『養護教諭の役割と教育実践』学事出版　2000年　pp.75-76
18) 三木とみ子『三訂　養護概説』ぎょうせい　2005年　p.13
19) 養護教諭制度50周年記念誌編集委員会『養護教諭制度50周年記念誌』ぎょうせい　1991年　p.54
20) 例えば大谷尚子は『養護ってなんだろう』（ジャパンマシニスト社　2007年　p.69）のなかで「校医さんとのつきあい」というテーマで「自分の主張や都合を一方的にいろいろ押しつけて、それに対してもの申すとすごい剣幕でどなる校医さん」の経験を述べている。

　　　眼科検診はほかの健診にくらべて時間も短く、一クラス五分程度で終わるので、全体的にみてもそれほど時間はかかりません。そこで、私は眼科医さんに電話して事情を話し、「なんとか午前中に都合してもらえないでしょうか」とお願いしました。
　　　ところが、「いままでどこの学校でもそうしてきたのに、なぜできないのか。あんた、ずいぶん生意気ね。そんなこと、誰もいってきたことないわよ」と一蹴され、あげくのはてに校長に「あんな生意気な養護教諭は辞めさせてくれ」と電話される始末。

21) 三木とみ子　前掲書　p.27
22) 養護教諭制度50周年記念誌編集委員会　前掲書　p.76
23) 主として教育系（養護教諭免許の取得が卒業要件）と看護系（看護師免許の取得が卒業要件）の養成に区分されているが養護教諭が「実に多様な養成課程を有している」（藤原文雄『教職員理解が学校経営力を高める』学事出版株式会社　2007年　p.117）ことが養護教諭に対する理解を複雑にしている一因となっているとの指摘もある。
24) 池田亜紀子「やっぱり「養護教諭」になってよかった」藤田和也編集『保健室と養護教諭』国土社　2008年　p.151
25) 1990年代以降の「養護教諭のホンネとタテマエ」については津田政子による企画・構成の『健康教室』談話室編『保健室からの手紙』（東山書房　1998年）に詳しい。
26) 藤原文雄『教職員理解が学校経営力を高める』学事出版　2007年　p.120
27) 藤原文雄は前掲書（p.135）のなかで、これからの進化を続け、学校栄養職員にも示唆を与える重要な存在として養護教諭を位置づけている。

　　　戦後の養護教諭の歴史は学校にいる常勤の教育職として、学校に多数存在する一般教諭と役割こそ異なるものの、どのように子どもの発達保障に貢献するかという視点で新たな実践を切り拓き、共有化を進め理論化する不断のプロセスであったと言えるだろう。こうした実践と理論の往還による養護教諭の仕事の進化のあり方は、事務職員や学校栄養職員にとっても大きな示唆を与えるものだ。

28) 徳山美智子「第8章　養護の職務推進の基本と実際　9　健康相談活動における連携の基本と実際　(1) 健康相談活動における連携とは」三木とみ子『三訂　養護概説』ぎょうせい　2005年　p.189
29) 徳山美智子　前掲書　p.190
30) 平岩美祢子「第4章　養護教諭の対応の基本　2節学校内外の連携の基本」高石昌弘・鈴木美智子『子どもをとりまく問題と教育　第17巻　保健室における養護教諭の対応』開隆堂出版　2003年　p.98
31) 「問題を持つ子どもの環境を整えるための連絡調整役としての仕事」で「系統的認識を必要」とするものと平岩美祢子によって位置づけられ（前掲書　p.96）具体的に下記のような学級担任の言葉も紹介されている。

　　A「どうしてあの子は私に言わないで保健室に話したのだろうか、まず担任の私に話すべきだった」

　　B「保健室の先生が心配していたぞ。君も悪いところがあるんじゃないの？　がんばらないといけないね」

　　Aのような学級担任の言葉に対して、養護教諭の説明のひとつのモデルは、

　「担任の先生が分かって下されば百人力です。先生はお忙しいので遠慮したのだと思いますよ。あの子が自信を取り戻せる言葉かけが出来るのは先生だけです」というものであるが、「まず担任の私に話すべき」という固定観念を持っている学級担任に対して、養護教諭の立場の理解よりも、担任の立場に配慮をした応答である。

　　また、Bの例では養護教諭が秘密を守らないことと該当生徒にも非があるようにうけとれることで二重の信頼関係の崩壊が指摘されている。

32) 白鳥クニ子　前掲書　p.56
33) 中村孝太郎「学校における教育相談システム」福島脩美『教育相談による理解と対応』開隆堂出版　2003年　p.216
34) 35) 36) 37) 38) 39) 尾花美恵子・栗田舞美・西川路由紀子「生徒（生活）指導」『養護教諭のための教育実習マニュアル』少年写真新聞社　2004年　p.143
40) 連携の「不成功要因」として例えば鈴木美智子は下記のような事例も報告している。多種多様なケースが考えられるほんの一例といえる。

　　失敗例では逆に、子どもからの情報だけで担任を抜きに保護者へ連絡し、ラポールが崩れた。担任への報告前に知り得た情報を、よそへもらして連携が悪くなった。担任に無断で親に指示したり、親の意向を無視して機関に連絡して、ラポールが崩れた。先入観で子どもの訴えを聞いて、受診を遅らせ失敗した。心因性の思い入れが強く、身体症状を見落としたなどの失敗がある。

　　とかく学校では、問題を持つ子どもが発生した時に、どこの具合が悪いのか、診断名や学校復帰の時期を求めたがる。問題が起こった時だけの機関依頼で、後は放置するとか、

情報を生のまま出し、変に動かれたなど不成功の要因は様々の理由で連携に失敗している 鈴木美智子「第4章 問題行動のとらえ方 2節行政の立場から」髙石昌弘・鈴木美智子前掲書 p.117
41) 福田眞由美「学校と保護者の関係の変化」小野田正利『イチャモン研究会―学校と保護者のいい関係づくりへ―』ミネルヴァ書房 2009年 p.21
42) 福田眞由美 前掲書 p.24
43) 44) 福田眞由美 前掲書 p.25
45) 陣内靖彦「第8章 教師の地位と役割」岩内亮一・陣内靖彦編著『学校と社会』(学文社 2005年 p.130)に下記の記述がある。

　　1970年代半ばを境にして、「教員」という社会的地位を示す言葉から、「先生」という生徒・保護者に対する地位を示す言葉に変わっているということにつきる。筆者は何も、各新聞社説の内容が「対社会」としての教員と、「対生徒・保護者」としての先生とを意識して使い分けていると断定するつもりはない。ただ、社説に取り上げられる教師をめぐる問題の地平が、対社会的な次元から対生徒・保護者の次元に移行したことを象徴しているのだと考えるのである。

46) 山根文雄「18 保護者との連携」山口健一・高瀬淳編『教職概論ハンドブック』ミネルヴァ書房 2011年 p.82
47) 山脇由貴子『モンスターペアレントの正体―クレーマー化する親たち―』中央法規出版株式会社 2008年 p.126
48) 嶋崎政男『学校崩壊と理不尽クレーム』集英社新書 2008年 p.128
49) 嶋崎政男 前掲書 p.132
50) 嶋崎政男 前掲書 p.138
51) 中井正則「第19章 エリート少年殺人事件」柿沼昌芳・永野恒雄『学校の中の事件と犯罪1』批評社 2002年 p.119
52) 小林 正幸編著『保護者との関係に困った教師のために―教師の悩みに答えます』ぎょうせい 2004年 p.203
53) 嶋崎政男 前掲書 pp.133-134
54) 学級担任が保護者からクレームを受けるのには、次のような要因があげられる。
　　◎指導力不足を指摘される場合
　　　「我が子だけが他の子どもと違う対応を受けている」
　　　「我が子が担任の指導が分からないのは担任の力量がないから」
　　◎学級担任の指導を誤解する場合
　　　「我が子の言動から担任への不信感」
　　　「我が子の作品や成績物の採点からの不信感」
　　　「学級の乱れた様子に不信感」

第3章 幼児児童生徒理解や学級経営等に関する事項

事項③ 到達目標
・子どもに対して公平かつ受容的な態度で接し、豊かな人間的交流を行うことができる。
・子どもの発達や心身の状況に応じて、抱える課題を理解し、適切な指導を行うことができる。
・子どもとの間に信頼関係を築き、学級集団を把握して、規律ある学級経営を行うことができる。

事項③ 確認指標例
・気軽に子どもと顔を合わせたり、相談に乗ったりするなど、親しみを持った態度で接することができるか。
・子どもの声を真摯に受け止め、子どもの健康状態や性格、生育歴等を理解し、公平かつ受容的な態度で接することができるか。
・社会状況や時代の変化に伴い生じる新たな課題や子どもの変化を、進んで捉えようとする姿勢を持っているか。
・子どもの特性や心身の状況を把握した上で学級経営案を作成し、それに基づく学級づくりをしようとする姿勢を持っているか。

授業内容
・学校において、校外学習時の安全管理や、休み時間や放課後の補充指導、遊びなど、子どもと直接関わり合う活動の体験を通じて、子ども理解の重要性や、教員が担う責任の重さを理解しているか確認する。（主として①③に関連）
・教育実習等の経験を基に、**学級経営案**を作成し、実際の事例との比較等を通じて、学級担任の役割や実務、他の教職員との協力の在り方等を修得しているか確認する。（②③に関連）
・いじめや不登校、特別支援教育等、今日的な教育課題に関しての役割演技（ロールプレーイング）や事例研究、実地視察等を通じて、個々の子どもの特性や状況に応じた対応を修得しているか確認する。（③に関連）
・役割演技（ロールプレーイング）や事例研究等を通じて、個々の子どもの特性や状況を把握し、子どもを一つの学級集団としてまとめていく手法を身に付けているか確認する。（③に関連）

「子どもに対して公平かつ受容的な態度で接し、豊かな人間的交流を行うことができる」という到達目標や、「子どもの声を真摯に受け止め、子どもの健康状態や性格、生育歴等を理解し、公平かつ受容的な態度で接することができるか」という確認指標は、個人個人の子どもに接する態度であり、養護教諭の対応にも重なる。一方で、「子どもとの間に信頼関係を築き、学級集団を把握して、規律ある学級経営を行うことができる」という到達目標や、「子どもの特性や心身の状況を把握した上で学級経営案を作成し、それに基づく学級づくりをしようとする姿勢を持っているか」という確認指標は、主に集団を相手とする学級担任等を想定している。子ども理解という共通のテーマでありながら、個々人の理解と集団としての理解とでは観点が異なる。

第1節　家族における立場の理解

　　子ども理解というと、心理主義的に狭く受け取られる傾向がまだある。「子ども理解はカウンセラーの仕事で、教師はその解釈に従う」といった関係では、学校での子ども理解は深まらない。すでに述べてきたように、社会状況と結びついている子どもの生活からの理解を考えるということである。個別の子どもの内面にも、生活と社会状況は複雑に刻印されている[1]。

福井雅英による上記の問題提起を尊重したい。「カウンセラーに対する絶対視や神格化に基づく依存性」[2]という指摘は多少極端にしても、学級担任だからこそできる「子ども理解」は存在するはずである。そのような観点からここでは、教職を目指す者にとっての子ども理解の手がかりをいくつか提供する。

　　児童・生徒が［あの先生はほんとうに自分のことを理解してくれた］と思うためには、次のことが基本条件となる。［自分について自分が考えていることと同じことを教師が考えてくれていた］と感じていることである。このためには、彼らの思考の枠組みに立って、すべてを考える教師の態度が不可欠となろう。このことは、教師による生徒理解・生徒による教師理解が共に在ることで、共に理解し合う相互理解を根底としているといえよう。

42　第1部　実践演習の内容

　　生徒理解の原理としては、客観的理解、内面的理解、全人的理解、独自性の理解、共感的理解とがある[3]。

　学級に属するすべての子どもについて「自分について自分が考えていること」を1人の学級担任が理解することは現実的には相当困難な作業である。個人情報保護の観点から現代では子どもの家族状況を把握することも困難になっている。ここでは、子ども理解のためのいくつかの視点を提供しておきたい。
　2004年度キネマ旬報ベスト・テン文化映画部門第3位の野中真理子監督作品映画『トントンギコギコ図工の時間』には「ありさちゃん」という小学校3年生の女の子が自らの8人家族を題材にした「みんな大好き大家族」という木工作品が登場する（上映後30分前後に紹介されている）。兄弟が6人いるうち特に「ふくちゃん」と仲良し姉妹であるという紹介がなされているが、授業のなかでつくられた作品に家族が反映されている例といえる。作文も含め、このように子どもたちの表現活動のなかで家族の状況がふと出現することは珍しくはない。このようなときに、学級担任や授業担当はどのように対応すべきなのだろうか。その子どもが家庭のなかでどのような状況におかれているのかを考える切り口について考えてみる。
　① 兄弟・姉妹間の比較
　福井雅英は「コウスケくん」の事例から、「教育熱心」な母親が「何かにつけて兄とコウスケくんを比較」することが一因となって弟が「キレやすい」傾向になったことを報告している[4]。義家弘介は自分自身が弟と比較されたことが1つの要因で不良化していったことを記している[5]。兄弟間で比較されることにより、子どもの精神状態が不安定となる事例は数多く報告されている[6]。これらのことから、少なくとも学校現場では、子どもを傷つけるような兄弟比較は避けるほうが無難であるといえる。
　時間差をあけて、兄弟が同一の学校に在籍する事例は数多い。教員同士のあいだでは、「生徒Aは学年の違う生徒Bと兄弟であるらしい」というような情報交換はよくなされる。また、気軽な気持ちで話題提供として、兄弟の近況等を該当の子どもにたずねるようなことは学校では珍しくはない。「比較」と

受け取られないように楽しく話題にできれば理想的ではある。
　②　離婚と子ども
　統計的には、約3分の1の婚姻者が離婚するとされる。保護者の離婚は子どもに深刻な影響を与える。経済的な面でも影響は大きいし、心理的な面での影響も深い。離婚ということが、子どもの学校不適応の何らかの原因となっている事例は多い。
　親の離婚時の子どもの年齢によって、子どもに与える精神的影響も異なることが報告されている。棚瀬一代によれば、自己中心の心性がある3歳から5歳では「離婚は自分のせいだと思う」[7]傾向があり、6歳から8歳の発達段階では離婚を自分のせいだとは思わないが、「もし自分がもっと良い子であったならば、あるいはもっと可愛い子であったならば、父（母）親は出て行かなかったのではないだろうか」[8]という思いが非常に強く、見捨てられ感が最も強く悲しみがどの時期よりも深いとされる。小学校の中低学年に該当する。
　小学校高学年の9歳から12歳では道徳心や正義感が強く、「良い」親と同盟して、「悪い親」に復讐する[9]ような場合もあるという。中学校は13歳以上では「離婚体験をプラスに転ずることも可能」[10]で、離婚に対する子どもの反応としては、大きく分けると、親に向けるべき怒りを内に向けて抑うつ状態に陥り、登校を渋ったり不登校になったりひきこもったりする場合と、親への怒りが置き換えられて外に向けられ、学校で攻撃的行動をとったりあるいは非行に走るなどという場合がある[11]。
　これらの指摘は中学・高校生の時期の不登校や非行の背景について考えるひとつの素材にはなる。離婚ということは子どもにとっても深い「傷」であるので、教員がそのことについて主体的に子どもに問いかけるようなことは普通ない。しかし、何らかのきっかけで離婚という事実を知ったときには子ども理解のひとつの手がかりにはなる。
　また、離婚をした保護者にとっても「結婚の失敗」という受容困難な体験のうえに、子どもの問題がよりいっそう傷を深める事実となり、混乱している場合も多い。離婚に至らなかったとしても、親が喧嘩をしているような状態は子どもには精神的な不安定さをもたらす。そのような状況で余裕をもって学習

活動をすることは極めて困難である。家庭にいても落ち着けない子どもにとって、しばしば学校が休息の場となるが、親の不和が原因で生活態度が不安定であるために遅刻・欠席が多く、成績不振となるような事例も少なくない。そうした場合に、教員が子どもの遅刻や成績不振をただ指摘するばかりでは子どもを追い込む結果にしかならない。

対応に配慮が必要なのは子どもだけではない。

> 離婚と関連して問題となってくることとして、登校渋りないし不登校の問題、さらには万引きといった問題がある。親にとってこれらの問題は、ほとんど例外なく、大きな衝撃を与える出来事であるが、別居・離婚の過程にある親にとっては「結婚の失敗」という認めがたい体験の渦中にあるため、なお一層耐えがたいものとなる。
> その結果、両親別居後に抑うつ状態に陥った子どもが朝なかなか起きてこず、学校に行き渋ると、遮二無二行かせようとしたり、また万引きに気づいた時には、その背後にある子どもの「愛情に飢えた気持ち」に共感する余裕もなく、頭ごなしに怒ったり警察に連れて行かれるよと脅かしたりしてしまうことが多い[12]。

上記の引用にもあるように、離婚によって保護者も動揺し、混乱している。離婚のもとにある子どもの近況について教員が問いかけた言葉が、保護者を刺激してしまうようなことも珍しいことではない。

子ども自身は離婚という事実をどのように受けとめているのだろうか。当事者に「親が離婚していちばん嫌だったことはなんですか？」と問うた結果としては下記のように「周囲の反応」という答えが多い。

> 学校で親が離婚したことを知られるのが嫌でした。「かわいそうね」と言われ、友達との間に気まずい空気が流れたりするからです。
> 私と同様に、偏見の目で見られたり、かわいそうと言われたりすることが嫌だったという子どもの声を、多く聞きます。そういうふうに言われると、離婚をした自分の親は失敗した人間で、自分の家庭は普通ではないんだ、と子ども自身が思ってしまうのです。そして、どうして親の離婚のせいで自分が生きづらい思いをしなきゃいけないんだと、親の離婚を恨む気持ちを抱くことにもなりかねません[13]。

教員として配慮が必要な部分である。ただ、離婚は子どもにとって必ずしもマイナスばかりではない。「両親のけんかを見なくてすむようになった」「同居

の親が明るく元気になった」「父親がいないぶん、怒られることや、厳しいしつけを受けることなく育ってこれた」「祖父母と暮らせるようになったのでよかった」[14] 等の声もある。周囲からの偏見や「レッテル張り」が子どもたちを最も傷つけているのかもしれない。少なくとも教員は子どもを傷つける側にはまわるべきではない。

第2節　学級集団のなかの立場の理解

　河村茂雄は教員養成課程において「学級経営」という項目が体系的に設定されていないことについて問題提起をしている。

> 　大学の学部教育における教員養成課程で、学級経営に関する独立した科目はほとんどないのが現状である。(中略)教科に関する科目、生徒指導や進路指導、教育相談に関する科目がそれぞれ独立して開設されており、学生たちはそれらの科目をそれぞれ学んでいく。
> 　それらの知識や技能をどう統合して対応していくのかという、日本の学級で具体的な実践につながる全体的なストラテジーとなる学級経営についての、体系的な科目は設定されていない。学級経営に関しては、せいぜい教育実習で配属された学級の様子を3、4週間観察するくらいである[15]。

「教職実践演習」事項③の「授業内容」のなかには「学級経営案」という言葉が登場しており、教職科目のなかでも比較的新しい要素である。一般的に学級経営の実際としては、年度はじめが重要である。

　多くの学校では「日直」という仕事がある。黒板消しや学級日誌等を担当することが多いが、出席番号順に全員に一巡するのが普通なので機械的に決定して進行することができる。これに対して学級のなかのさまざまな「係活動」の場合はそれぞれ決めるのに色々と気を遣うことが多い。

　学級代表または学級委員長等さまざまな呼称で呼ばれる学級の「長」には相応のリーダーシップが求められ、しばしば学級の雰囲気を決定する重要な要素にもなるので時間をかけて決めるのが普通である。4月当初は「仮代表」を決

めておき、しばらくして学級の雰囲気が落ち着き、学級構成員のお互いの様子がわかってきてからあらためて「長」を決めるというのが新入生の場合にはある。学級での会議の議事進行や文化祭等の行事で学級が何をするか等を決める場合に重要な役割を発揮する。学級の男女の人数がほぼ同じであれば、「代表」と「副代表」とは男女で分担するように働きかける学級担任も多いが、子どもの希望を尊重する場合もある。

　「書記」は場合により「時間割」「掃除当番表」「学級委員表」「給食当番表」等を作成する。下足箱やロッカーの配分・ラベル貼りをする場合もある。

　その他の学級委員については校種によっても、また学級担任の方針によってもさまざまなパターンがある。図書委員は図書室の、放送係は放送室の、保健委員は保健室のそれぞれ補助的な役割を負うが、比較的どのような学校にも配置されている。体育授業の補助として体育委員もよく見られるが、その他の教科でも例えば、理科係や音楽係等の「学習係」として補助係の生徒もしばしば置かれる。小学校では給食委員会、飼育委員会等もあり、中学校以上になると文化祭実行委員会や体育祭実行委員会、集会委員会、新聞委員会、風紀（生活）委員会、奉仕活動委員会等も配置される。

　生徒会活動が活発な学校では、生徒会長等の役員選挙管理を行う選挙管理委員が重要な役割を担う場合もある。

　「学級通信」の発行については、学級担任の方針によってその発行ペースや内容等に大きな差が生じる。もちろん学級の構成員のために作成されるものであるが、義務教育段階では保護者に対して学校の様子を伝えるという役割も果たしている。

　学級の様子を年間を通して観察すると、4月には新鮮さがあり緊張感が漂っているが、連休明けくらいから新学級のなかでも人間関係が落ち着いてくる。中学校や高等学校ならば5月には中間試験があり、学力的な面でも新学級におけるそれぞれの生徒の位置が判明してくる。「校外学習」のような行事が実施され、普段の教室では見られないような子どもたちの一面を発見したりもする。6月は季節の変わり目でもあり、緊張感も和らいでくる時期でもある。三者面談や二者面談が実施されたりする学校もあるが、学級運営に気を遣う時期

である。7月になれば夏休み前となりまた気分がゆるむ。

　夏休み明けの2学期はじめは久しぶりに子どもたちと会う大事な時期であるが、生活に大きな変化があり、一部の子どもたちは体調や心の状態を崩したりする場合もあり注意が必要である。秋にかけては集団的な学校行事が設定されることも多く、また3学期のなかで最も長い時期でもあるので学級担任の力量が試される時期だといえる。保健室の来室者について「4月、5月は意外と少なく、5月の連休前後にいったん増え、6月に入ると再び多くなるという。2学期、それも10月前後が年間のピークだということである」[16]という報告もあるので、健康管理のうえでも大変重要な時期であるといえる。「悩み相談に訪れる生徒の場合、その話題も年間を通じて推移していく。年度はじめは、クラス替えにまつわる悩み、部活動の人間関係にまつわる悩みが多くなる」[17]のである。

　3学期は短いが同時に学年末であり、1年間のまとめともいえる時期である。次の年度に向けてのステップとなる時期でもあり、卒業を控える学年にとっては思い出深い時期ともなる、以上が時系列に沿った学級の変化である。

　次に、個別の生徒に着目して学級を考察する。「特別支援教育」ということが「授業内容」のなかにも登場している（第3章冒頭参照）ので、まず「発達障害」について整理をする。

　文部科学省の「特別支援教育」「主な発達障害の定義について」を参照すると次のようになる。

　　自閉症の定義　Autistic Disorder
　　　自閉症とは、3歳位までに現れ、他人との社会的関係の形成の困難さ、言葉の発達の遅れ、興味や関心が狭く特定のものにこだわることを特徴とする行動の障害であり、中枢神経系に何らかの要因による機能不全があると推定される。
　　　（平成15年3月の「今後の特別支援教育の在り方について（最終報告）」参考資料より作成）
　　高機能自閉症の定義　High-Functioning Autism
　　　高機能自閉症とは、3歳位までに現れ、他人との社会的関係の形成の困難さ、言葉の発達の遅れ、興味や関心が狭く特定のものにこだわることを特徴とする行動の障害である自閉症のうち、知的発達の遅れを伴わないものをいう。

また、中枢神経系に何らかの要因による機能不全があると推定される。
（平成 15 年 3 月の「今後の特別支援教育の在り方について（最終報告）」参考資料より抜粋）

学習障害（LD）の定義　Learning Disabilities
　学習障害とは、基本的には全般的な知的発達に遅れはないが、聞く、話す、読む、書く、計算する又は推論する能力のうち特定のものの習得と使用に著しい困難を示す様々な状態を指すものである。
　学習障害は、その原因として、中枢神経系に何らかの機能障害があると推定されるが、視覚障害、聴覚障害、知的障害、情緒障害などの障害や、環境的な要因が直接の原因となるものではない。
（平成 11 年 7 月の「学習障害児に対する指導について（報告）」より抜粋）

注意欠陥／多動性障害（ADHD）の定義　Attention-Deficit/Hyperactivity Disorder
　ADHD とは、年齢あるいは発達に不釣り合いな注意力、及び又は衝動性、多動性を特徴とする行動の障害で、社会的な活動や学業の機能に支障をきたすものである。
　また、7 歳以前に現れ、その状態が継続し、中枢神経系に何らかの要因による機能不全があると推定される。
（平成 15 年 3 月の「今後の特別支援教育の在り方について（最終報告）」参考資料より抜粋）

　※アスペルガー症候群とは、知的発達の遅れを伴わず、かつ、自閉症の特徴のうち言葉の発達の遅れを伴わないものである。なお、高機能自閉症やアスペルガー症候群は、広汎性発達障害に分類されるものである[18]。

　発達障害とされる上記のような子どもたちへの対応として、学級担任として集団に対する立場から見た場合、他の子どもたちとの関わりは大変気になるところである。例えば福井雅英は「偏差値の相当高い大学」で「生徒指導論」を担当したときに、ある学生が中学時代を振り返って「勉強の邪魔をする奴らは学校にいないほうがいい邪魔者だと感じてきた」[19]と率直な感想を書いていたのが、授業後には「暴れていた彼らにもいろいろ悩みがあったのかもしれない」[20]と「荒れていた同級生の内面への想像力」が育まれたことに関連づけて報告している。この場合は発達障害の子どもを直接指しているわけではないが、「手のかかる」子どもの存在によって他の生徒が「勉強の邪魔」と感じてしまうのは確かに率直な思いではあるだろう。だからこそ他の子どもたちに対して関わりかたをどのように伝えていくかは重要課題となる。

名越斉子の場合は障害名を出さずに「特性と接し方」を伝えることが多いとしている。「一方的に理解を求めるのではなく、本人がどのような努力をしているかも伝え、日常的に教員が接し方のモデルを示す」[21] 一方で、「まわりの子どもたちが対象となる子どもに適切な接し方をしていれば、さりげなくほめることも大事である」[22] という。ほめられることによって、子どもたち相互の関わりがより深まっていくことが理想である。

> **演習6**
>
> 問　発達障がいとされる男子生徒Aが特定の女子生徒Bに強い関心をもち、ときにはBの後からついていったりするため、Bは学級担任や生徒指導部に苦情を申し立てた。どのような対応が考えられるか。
>
> ・
> ・
> ・
> ・
> ・
> ・
> ・
> ・

多様な個性をもつ子どもたちを学級集団という1つのまとまりに収斂していくのはしばしば至難の業である。坂西友秀は「リーダーとしての教師の仕事」を①「人間関係を調整し、反目、軋轢や摩擦を少なくすること」[23] と②「集団が持つ目標や達成課題を効果的に遂行させる働き」[24] とにまとめているが、特に①に苦労する学級担任は多い。集団で遊ぶような機会が子どもたちの世界で減少し、子どもたちの人間関係が小グループ化する傾向があり、人づきあいそのものも苦手とする子どもが増えている。そのうえで教師の権威が基本的に低下している[25] なかで、子ども同士のあいだのトラブルに対しても教師の仲裁

が機能しなくなってきている。「集団圧」「集団同一視」[26]の強化は困難になっているのである。

補足ではあるが、「学級の指導と教科の指導をほぼ一人で担当し、一日のほとんどの時間を児童と接するので、教師の一挙一動の影響は大きい」[27]とされる小学校の学級担任と「常時学級の生徒と接しているわけではないので、他の教科担当教員等と連携し、生徒の掌握」[28]をする中学校・高校とは学級担任の負担や特性も大きく異なる。

演習7

問　新しく部活動指導を担当するようになったA先生は部活動時間を大幅に増やし、休日も部活動をして熱心に指導した。一部にはA先生の指導に合わない生徒も出現し、退部するような生徒も現れたが、結果としてこのクラブの成績は相当上昇した。教員Aについて批評せよ。

・
・
・
・
・
・
・
・
・

第3節　生と性の理解「いのちの教育」

いのちの教育の目的について、「自分のいのちはかけがえなく大切なもので、**自分は無条件に生きていていいのだ**、と子ども自身が確認できるようにすること」[29]と近藤卓は位置づけている。

このような自尊感情を近藤は２種類に分け、他者との比較を想定しより優位な位置へと自分を高めていこうとする意欲につながる「社会的自尊感情」と、このまま自分が生きていくのだという「基本的自尊感情」とに整理している。そして、いのちの教育が目指すものは「基本的自尊感情」をしっかりとしたものにすることであるとしている[30]。いずれにせよ、知識として与えられるだけではなく、「自分自身の〈いのち〉についての実感」[31]がこの教育の基盤となる。

「知」よりも「情」の面に訴えかける要素の強いこの教育は、「体験の共有」「感情の共有」[32]を目指すものであり、体験学習的な教材や子ども自身の経験のふりかえり作業等様々な工夫を要するものではあるが、自殺予防等にも結びつく重要な取組みであるので教職を目指す学生にも是非知ってもらいたい。

いのちを実感するための方策としては、大きく分類すると３つのアプローチがある。

① いのちの喪失＝死との対比
② いのち誕生の感動
③ 他者とのいのちの共有感

ある対象が喪失された状態を基準にしてその対象物の価値をあらためて認識するようなことは我々の日常生活でも珍しいことではない。命の対比として「死」から生を見つめるという方策は有力な入口となる。臨死の経験者や余命が僅かであると宣告された本人が自己の思いを語るような取り組みは①「死との対比」に近い。

「デス・エデュケーション（死の準備教育）」が「誰もが死ぬということを受け止めることから、自分の存在を見つめさせ、どのように生きなければならないかという生きる準備を考えさせる重要な領域」[33]と位置づけられていることを考えると、「いのちの教育」は、このデス・エデュケーションとも重なる。

それに対し、助産師である鈴木せい子は「いのちの教育」の方針として、「希少性」（生命の畏敬等）と「関係性」（いのちの連続性等）には時間をかけるのに対して有限性（死の教育）にはあまりふれないとしている[34]が、いのちの誕生場面をアプローチとする助産師の取り組みは②「いのち誕生の感動」に近

い。

　「精子と卵子の結合という行為」によって、どんなに精密な機械でも作れない「生命」を産み出すことができ、「命には、こんな不思議な力が与えられている」という実感を育むことができる点では性教育の取り組みもいのちの教育と重なる領域が大きい[35]。

　妊婦体験グッズの活用や出産の様子のビデオ視聴・沐浴人形を抱くような体験等も性教育とも重なり合う実践である。③「他者とのいのちの共有感」はいのちの教育の入口よりはその教育の深まりのなかで育まれていく場合が多い。

　例えばペットの死のような素材であれば小学生対象の実践も可能であるが、人間の死そのものを真正面から扱うには小学生にはやや重たい場合があるかもしれない。子どもたちの発達段階に応じいのちの教育のありかたが求められる。

　同じことは性教育にもいえる。小学校段階では、月経の仕組みを説明するような知識の教育がその中心にあるが、中学生・高校生となるとコミュニケーションのありかたの男女の違いを学ぶ要素が大きくなってくる。

　一般的には「性心理の連鎖作用〈異性への関心→接近欲→接触欲→性交欲〉の進行は、男性は直線的に速く進むが、女性は段階的で進み方が遅い」「性欲中枢を刺激するのは、特に男性ホルモンなので、性欲は男性の方に強く現われやすい」[36]というようなことが性をめぐる男女の違いとしては指摘される。

　このような違いが、具体的な性的場面ではどのような言動となって現れるのかを考える材料として、例えば教材「セスとフィン」を用いた実践がある[37]。

　避妊についても同様のことがいえる。例えば、避妊の種類やコンドームの使用法について説明するのは「知識」の領域であるが、具体的な性的場面ではコミュニケーションに関わることも重要問題となる。

　「『最初からセックスするつもりだった』と思われるのがいやだから、言いだしにくい」「だれが用意するべきか」「相手がコンドームをつけることをどう思っているのかわからない」「いつも用意しているように思われるのは心外」など、性的接触がはじまるまえの困惑から、「コンドームを装着するときの間

にこまる」「相手につけて欲しいが、どう切り出せばよいのかわからない」[38] など、実際の使用場面までの様々な困惑はまさしく男女間のコミュニケーションの問題といえる。

　性をめぐる情報の氾濫も子どもたちにとって深刻である。アダルトビデオを例にすれば、1990年代までは動画の媒体はビデオテープが中心であったが、その後DVDへと軽量化がすすみ、携帯電話やスマートフォン等でも子どもが容易に画像が視聴できるようになっている。「成人向け」動画という名目でありながら現実には誰でも見ることのできる点に大きな問題があるが、内容的にも多くの場合極めて男性本位で避妊についても無防備な動画がばらまかれている状態にあることが子どもたちに与える影響は極めて重大である。このような状況であるからこそ学校教育の場で性教育もしっかりなされるべきであると考える。

　基本的には同じ内容のものを同じ空間で男女が共有体験する性教育が理想的ではあるが、そのことを望まない子どももいるかもしれない。性的な内容を茶化したり冷やかしたりするような男子の多い教室の雰囲気に対しては厳しい指導もすることを含めて、ふだんから落ち着かない子どもの多い教室では様々な配慮が必要となる場合もある。発達段階に応じた様々な工夫や配慮が「生と性の教育」には必要であり、今後の学校教育ではその必要性はますます高まっている。

注

1) 福井雅英『子ども理解のカンファレンス　育ちを支える現場の臨床教育学』　かもがわ出版　2009年　p.193
2) 吉田武男・藤田晃之『教師をダメにするカウンセリング依存症』　明治図書出版　2007年　p.4
　同様の指摘は、加藤十八も「生徒指導の実践」市川千秋監修『臨床生徒指導　理論編』（ナカニシヤ出版　2009年　p.96）で「生徒指導法がカウンセリング偏重主義に陥り、実効性を失った」としている。
3) 比留間一成「生徒理解」坂本昇一・比留間一成編集『子どもをとりまく問題と教育　第16巻　生徒指導のあり方』開隆堂出版　2002年　p.38

4) 福井雅英　前掲書　p.15 では「教育熱心」な母親がコウスケ君とその兄とよく比較したという記述がある。

　　コウスケくんは学校でもよくキレて、一度キレると一日駄目だというのです。あるとき、自分から「親に刃物を向けたことがある」「父親を父と呼んでいない」と担任に告げたそうです。彼には進学校に通う高校生の兄がいて、「教育熱心」な母親は、何かにつけて兄とコウスケくんを比較し、キレた彼に向かって、「あんたは将来、人を刺すかもしれん」と言ったこともあるそうです。

5) 義家弘介『不良少年の夢』（光文社　2003 年　p.35）には「弟が光だとしたら、私は闇。弟が天使だとしたら、私は悪魔。私の中の心の闇が強くなればなるほど、その差はより対照的に際立っていった。」という状況のなかで「年下の弟に、家族の寵愛を受け続けている弟に、兄という存在を認めてもらうことに必死」で「『こんなことも出来るんだ』、そんな一心で広場にあるプレハブを野球のバットで破壊したり、父親のゴルフクラブを持ち出してスイカ畑を全滅させたり、だれが一番高いところに足跡を残せるか、といって民家のトタンの塀をペコペコにへこませたりした」という回想がある。姉妹編『最新　教職概論・生徒指導論』p.94 参照。

6) 例えば、真仁田昭・高橋哲夫・中野良顕・小玉正博「生徒指導の人間観」『子どもをとりまく問題と教育　第 14 巻　学級崩壊と逸脱行動』（開隆堂出版　2003 年　p.39）では課題の多い K 男のプロフィールとして「兄弟正反対のタイプ」と紹介されている。

　　2 歳年上の兄と二人兄弟、兄はテニス部、K 男は野球部に入ってきた。祖母を含め 5 人家族、父親は普通のサラリーマン。母親は専業主婦で教育熱心である。PTA の役員も積極的にこなす。家屋は大きく敷地も広い。又、古くからの住人であり地域での存在感は大きい。兄は学力が高く学級委員を務め、人望も厚い、テニス部に所属し市の大会においては常時入賞する力を持ち、優等生として高い評価を得ている。母親も自慢の子どもとして会合ではよく口にする。それに比べ K 男は、大きな体で体力は兄に負けないが、好きな野球は補欠で、勉強も今一歩と兄とは正反対のタイプで、母の話も兄は誉め K 男のことは不満を愚痴ることが多く、K 男が家庭の中で肩身の狭い生活をしている様子が目に浮かぶ。母親から父親の話は全く出てこない。

7) 棚瀬一代『離婚で壊れる子どもたち　心理臨床家からの警告』光文社　2010 年　p.53
8) 棚瀬一代　前掲書　p.61
9) 棚瀬一代　前掲書　p.64
10) 棚瀬一代　前掲書　p.71
11) 棚瀬一代　前掲書　p.72
12) 棚瀬一代　前掲書　pp.42-43
13) NPO 法人 Wink 編　新川明日菜、光本歩、新川てるえ、坂田雅彦、田中英明、著『Q&A 親の離婚と子どもの気持ち』明石書店　2011 年　p.18

14)　NPO 法人 Wink 編　前掲書　p.20
15)　河村茂雄『日本の学級集団と学級経営―集団の教育力を生かす学校システムの原理と展望―』図書文化社　2010 年　p.159
16) 17)　秋葉昌樹『教育の臨床エスノメソドロジー』東洋館出版社　2004 年　p.76
18)　「文部科学省ホームページ」の「特別支援教育」の項目のなかの「主な発達障害の定義について」http://www.mext.go.jp/a_menu/shotou/tokubetu/004/008/001.htm
19) 20)　福井雅英　前掲書　p.171
21) 22)　名越斉子「発達障害のある子どもへの理解と支援」清水由紀編著『学校と子ども理解の心理学』金子書房　2010 年　p.60
23) 24)　坂西友秀「学級づくりと担任の役割」清水由紀編著　前掲書　p.60
25)　太田佳光によれば、1 報償的権威　2 強制的権威　3 専門的権威　4 正当的権威　5 人格的権威　6 関係性の権威がある。学級崩壊が、こうした教師の権威が喪失することによって生じると考えるなら、いったいそれぞれの権威が、現在も存在するのか否かが問われることになる。太田佳光「学級経営と学級崩壊」南本長穂・伴恒信『発達・制度・社会からみた教育学』北大路書房　2010 年　p.108
26)　「教師が、子どもたちの認知（思考）―行動―感情を相互に関連づけながら、一定の方向づけを、年間を通して、日々継続的に行うことで、子どもたちの間に、集団規範が成立し、徐々に集団斉一性が高まり、また、頻繁に子ども同士で同じ体験を共有することにより、相互の感情交流も深まり、愛他性も高まり、それと並行して集団凝縮性も高まる」とされる。また、「共通の活動体験を通じてお互いに関する知識を蓄積することは、言葉で言わなくても相手のことがわかる状況をつくり、感情移入による意思伝達が可能になる土壌を形成していく」という。このような状態が一定のレベルまで達すると、学級内は「集団機能が子ども達側から強く発揮され」「集団圧が高まる」と考えられる。
　　「一人はみんなのために、みんなは一人のために」などの言葉は集団同一視を強化するのである。
　　河村茂雄『日本の学級集団と学級経営―集団の教育力を生かす学校システムの原理と展望―』図書文化社　2010 年　pp.99-100
27) 28)　石村卓也『教職論〔改訂版〕―これから求められる教員の資質能力』昭和堂　2010 年　p.267
29)　近藤卓「いのちの教育の基本的考え方」『いのちの教育の理論と実践』金子書房　2007 年　p.8
30)　近藤卓『いのちの教育の理論と実践』金子書房　2007 年　p.12 に以下のような記述がある。「社会的自尊感情は、他者との比較を想定しており、より優位な位置へと自分を高めていこうとする意欲につながります。それに対して基本的自尊感情は、自分自身が今ここに存在していることを保障するもので、このまま生きていていいのだという根源的な感情です。い

のちの教育が目指すものは、いうまでもなく基本的自尊感情の確立であり補償です。」
31) 梶田叡一「自己幻想からの脱却と〈いのち〉の教育」『〈いのち〉の教育』金子書房　2009年　p.12
32) 近藤卓『いのちの教育の理論と実践』金子書房　2007年　p.9
33) 清水恵美子『いのちの教育』法蔵館　2003年　p.101
34) 森垣佳子「命のバトンタッチ」上田基編著『命の大切さを学ぶ性教育』ミネルヴァ書房　2008年　p.51
35) 鈴木せい子「助産師が伝えるいのちの教育とは」鈴木せい子編著『いのちの教育』メディカ出版　2008年　p.9には「生命には限りがあり、いつか死が訪れる、死は悲しいできごとだから『いのち』を大切にしよう…ということでなく、生きてるってこんなに素晴らしいことなんだ！と伝えて行きたいと思っている」と記述がある。
36) 小林博「性欲」"人間と性"教育研究協議会編『性教育総論と用語解説』あゆみ出版　1986年　p.184
37) 島田敏男「男女の人間関係（欲求と行動）」『20の授業展開例と資料で示す中学校性教育の全貌』東山書房　1997年　p.96-107　セックスを迫るセス（男）から逃げたフィン（女）の行動について話し合うことが実践の中心となっている。
38) すぎむらなおみ『エッチのまわりにあるもの』解放出版社　2011年　p.35

第4章

教科・保育内容等の指導力に関する事項

事項④　到達目標
・教科書の内容を理解しているなど、学習指導の基本的事項（教科等の知識や技能など）を身に付けている。
・板書、話し方、表情など授業を行う上での基本的な表現力を身に付けている。
・子どもの反応や学習の定着状況に応じて、授業計画や学習形態等を工夫することができる。

事項④　確認指標例
・自ら主体的に教材研究を行うとともに、それを活かした学習指導案を作成することができるか。
・教科書の内容を十分理解し、教科書を介して分かりやすく学習を組み立てるとともに、子どもからの質問に的確に応えることができるか。
・板書や発問、的確な話し方など基本的な授業技術を身に付けるとともに、子どもの反応を生かしながら、集中力を保った授業を行うことができるか。
・基礎的な知識や技能について反復して教えたり、板書や資料の提示を分かりやすくするなど、基礎学力の定着を図る指導法を工夫することができるか。

授業内容
・模擬授業の実施を通じて、教員としての表現力や授業力、子どもの反応を活かした授業づくり、皆で協力して取り組む姿勢を育む指導法等を身に付けているか確認する。（④）
・教科書にある題材や単元等に応じた教材研究の実施や、教材・教具、学習形態、指導と評価等を工夫した学習指導案の作成を通じて、学習指導の基本的事項（教科等の知識や技能など）を身に付けているか確認する。（主として④）

　子どもたちの主体的学習意欲が高いほど、子どもたち自身の表現活動を重視する方が授業は円滑にすすむ。
　主体的学習意欲が最も低い場合、授業内容は単純作業が中心で反復的な形式になる。例えば、教員が黒板に書いた内容を、そのままノートに写す。漢字を習得するために同一の書写を反復して練習をするなどの作業が学習の初歩段階

では中心となる。

　注入学習的な内容が中心であるならば、黒板に書く内容はプリントにして配るようにして時間と手間を省略することができる。「黒板に書く内容を写す」という作業をカットすることにより、写す作業をする時間の分を活用して別の新しい作業を授業中にすることが可能になり、合計学習時間が増加するが、学習意欲の高い集団であるならば大きな問題はない。

　このようにして、学習者の実態や教室の状況に応じて、同一の授業内容でも、授業の進度の調整はある程度自在にコントロールすることが可能となる。

第1節　黒板〈ノート〉の使い方と読み

（1）板　書

① 黒板に書く内容をすべてプリントにして配る（黒板使用の時間を短縮）
② 発問はせずに黒板に書き進め、ノートに写させる
③ 発問しながら黒板を書き進め、ノートに写させる

　③→①の順番に授業の進度ははやくなる。①で使用する「プリント」についても、細かい説明を省略すればさらに進度ははやくなる。一方で、③の「発問」の数を増やせば、進度は遅くなり、より丁寧な指導になる。

　　黒板と板書を私たちの日常視点から見た場合、
　　①授業を行う場合、まとめの段階として書く。
　　②要点を書き、ノートに写す。
　　③白、赤、黄色、青のチョークを約束ごと（たとえば赤は最も重要な授業内容、黄色は生徒の発言、白は一般的なこと、青は授業の流れの投げかけ的発問）として授業展開の流れを示す。
　　④地図や円、四角などさまざまな絵を描くことによって視覚的に内容を把握する。
　　⑤児童・生徒の発言（発表）したことを黒板に書く。
　　⑥その日の授業はどのようなことを勉強するかについて意識化を図るために最初に書く。（学習課題をつかむ）
　　⑦矢印や記号を用い、対立的に表現したり、相対化を図ったりする。

⑧日直の記名や月、日、曜日、そしで連絡を記入する。
といったことが日常的動作、日常的授業の形態として実施される[1]。

　石川實は「日常的動作、日常的授業の形態」として板書について上記のように整理している。

　①②は必要最小限に黒板を使用しているが、実際の現場では「まとめ」以外にも説明の最初から最後まで教員が板書してしまうようなケースも多い。

　③のように4色もの色を活用して板書をするという行為は、慣れていないと相当の手間がかかる。また、使用する色によっては黒板が反射して児童・生徒から見えにくいようなことも起こる。

　④も教員の側に技巧が必要である。地理（社会）の教員の場合は、地図が、数学の教員の場合は円が、スムーズに描けることが理想ではある。小学校の教員の場合はある程度の絵画力が必要とされる場合も多い。教員によって、力量に差が出現しやすい部分である。

　⑤については、最終的には児童・生徒に直接黒板に書かせることを促していきたい。どのように黒板に書けば見る側にとってわかりやすいかを模索する作業は子どもたちにとっても貴重な経験になる。一度に児童・生徒を指名しておいて黒板に書かせれば、時間の短縮にもなり合理的でもある。練習問題の答え等を書かせる場合は、普通は学習者に時間的猶予を与えてからの作業になる。

　⑥や⑦はその時々の授業内容によって効果的に活用することができる。

　⑧は多くの学校では、黒板の右端に固定的に

　　　　月　　　日　（　）　　日直　　　　　　　　　　

と書かれていて、空欄を埋める作業を日直または教員がする。国語以外の多くの授業では黒板は「横書き」で使われるが、この表示に関しては普通「縦書き」である。なお、黒板は横に長いために「横書き」に適している。横書きの方が教員は左右の方向によく移動するので、児童・生徒も黒板の内容が見やすい。横書きに比べれば、縦書きの国語科は、黒板に書いた内容の前に教員が滞在している時間が少し長くなり、意図的に移動するようにしないと、子どもたちから「先生が邪魔で黒板が見えません」と指摘されるような事態になる。

板書するときの「構え」というものも存在する。小学校では「四六の構え」という表現で、教員の注意力を板書に「四」子どもたちに「六」の割合に注ぎ、中学校では「七三の構え」で、「七」は生徒へ、「三」は板書に注意力を分散させることを指す[2]。黒板だけに注意を向けて子どもに背中を向けているとそのあいだに子どもが悪さをすることを懸念する表現で、一般的に小学生よりも中学生の方が悪さをする比率が高まるので注意力の割合も変わる。このあたりも子どもたちの実態をよく見て判断すべきところであり、あまりにも生徒の悪さが多いようなら板書の作業そのものを減らさないと授業が成立しないこともあり得る。

（2）教科書の読み
① 黙読のみ（事前学習として読んでおくことも含む）
② 教員が音読のみ（範読）
③ 生徒を指名して音読してその後教員が修正

やはり③→①の順に授業の進度ははやくなる。学習意欲が高まれば、子どもたちの意見表明や発表等を授業の中に取り込むことが可能になる。

集団のなかで、どの児童・生徒にも均等に目を行き届かせることは現実には難しい。学習が苦手な子どもや、目立ちたい子ども、エネルギーがあり余っていてじっとしていられない児童・生徒への対応に多くの教員は労力を費やすことになる。ある生徒を指名し、音読し、発問の答えをその本人が考えているあいだ教員は「待つ」ことになるが、同様に他の多くの生徒も「待つ」ことをしなくてはならないのである。このようなバランスも難しい。

評価をする場合に、テストの点数と提出物等の平常点とのバランスをどうするかという問題もある。進学重視の学校ではテストの点数だけで評価をつける教員も少なくはない。なかには、遅刻・欠席も多く、授業態度も悪くノート提出もいい加減であるが試験の点は上位という生徒もいる。逆に、真面目に地道に努力していて、ノートのまとめや人物評価も高いが、テストの点数はとれない生徒もいる。このような生徒の実態に合わせて教員はテストの点数と平常点との割合を工夫しながら評価点をつけることになる。

第2節　生徒の指名の仕方等

（1）騒がしい（私語の多い）生徒をあてる

　指名が同時に該当生徒への注意にもなり、私語の多い生徒には声が大きい者も多いので、音読をさせると他の生徒は静かに聞き、授業は円滑に進むことも多い。しかし、特定の生徒に指名が集中して、おとなしい生徒はほとんど指名されないような結果にもなり、一部の生徒とだけ授業を進めてしまうような危険性をはらむ。

（2）日付や座席等であてる

　例えば3日であれば、出席番号3の生徒、13の生徒…23…33と順番にあてる。ある程度平等に生徒を指名することができ、多くの生徒に「次には自分が指名されるかも」という緊張感を分かち合うことができるが、指名する生徒を決定するのにやや手間がかかる。

　座席を活用した指名の場合は、ある一列の生徒を指名する場合が多いが、しばしば緊張感がその列の生徒のみになってしまう。誰が指名されるのか生徒にも予想されるので周囲の生徒がアドバイスをしてしまうようなケースも多々起こる。

　いずれにせよ指名はテンポよく行う方がよい。一部の生徒に時間を費やすと他の生徒は退屈になるので、発問に対して黙り込んでしまうようなタイプの生徒の場合は「じゃあ、引き続き考えておいてね」等の発言ではやめに一区切りして、また別の生徒を指名していく方が普通は授業の進行がスムーズになる。

　具体的に宮沢賢治の「よだかの星」を例にして、生徒の実態によって授業の進度がどのくらい変化するのかを考えてみよう。

　　「よだかの星」宮沢賢治
　　　よだかは、実にみにくい鳥です。
　　　顔は、ところどころ、味噌をつけたようにまだらで、くちばしは、ひらたくて、耳

までさけています。
　足は、まるでよぼよぼで、一間（いっけん）とも歩けません。
　ほかの鳥は、もう、よだかの顔を見ただけでも、いやになってしまうという工合（ぐあい）でした。
　たとえば、ひばりも、あまり美しい鳥ではありませんが、よだかよりは、ずっと上だと思っていましたので、夕方など、よだかにあうと、さもさもいやそうに、しんねりと目をつぶりながら、首をそっ方へ向けるのでした。もっとちいさなおしゃべりの鳥などは、いつでもよだかのまっこうから悪口をしました。
「ヘン。また出て来たね。まあ、あのざまをごらん。ほんとうに、鳥の仲間のつらよごしだよ。」
「ね、まあ、あのくちのおおきいことさ。きっと、かえるの親類か何かなんだよ。」
　こんな調子です。おお、よだかでないただのたかならば、こんな生（なま）はんかのちいさい鳥は、もう名前を聞いただけでも、ぶるぶるふるえて、顔色を変えて、からだをちぢめて、木の葉のかげにでもかくれたでしょう。ところが夜だかは、ほんとうは鷹（たか）の兄弟でも親類でもありませんでした。かえって、よだかは、あの美しいかわせみや、鳥の中の宝石のような蜂すずめの兄さんでした。蜂すずめは花の蜜をたべ、かわせみはお魚を食べ、夜だかは羽虫をとってたべるのでした。それによだかには、するどい爪もするどいくちばしもありませんでしたから、どんなに弱い鳥でも、よだかをこわがる筈はなかったのです。
　それなら、たかという名のついたことは不思議なようですが、これは、一つはよだかのはねがむやみに強くて、風を切って翔（か）けるときなどは、まるで鷹のように見えたことと、も一つはなきごえがするどくて、やはりどこか鷹に似ていた為です。もちろん、鷹は、これをひじょうに気にかけて、いやがっていました。それですから、よだかの顔さえ見ると、肩をいからせて、早く名前をあらためろ、名前をあらためろと、いうのでした。
　ある夕方、とうとう、鷹がよだかのうちへやって参りました。
「おい。居るかい。まだお前は名前をかえないのか。ずいぶんお前も恥知らずだな。お前とおれでは、よっぽど人格がちがうんだよ。たとえばおれは、青いそらをどこまでも飛んで行く。おまえは、曇ってうすぐらい日か、夜でなくちゃ、出て来ない。それから、おれのくちばしやつめを見ろ。そして、よくお前のとくらべて見るがいい。」
「鷹さん。それはあんまり無理です。私の名前は私が勝手につけたのではありません。神さまから下さったのです。」
「いいや。おれの名なら、神さまから貰ったのだといってもよかろうが、お前のは、云わば、おれと夜と、両方から借りてあるんだ。さあ返せ。」

「鷹さん。それは無理です。」
「無理じゃない。おれがいい名を教えてやろう。市蔵(いちぞう)というんだ。市蔵とな。いい名だろう。そこで、名前を変えるには、改名の披露というものをしないといけない。いいか。それはな、首へ市蔵と書いたふだをぶらさげて、私は以来市蔵と申しますと、口上を云って、みんなの所をおじぎしてまわるのだ。」
「そんなことはとても出来ません。」
「いいや。出来る。そうしろ。もしあさっての朝までに、お前がそうしなかったら、もうすぐ、つかみ殺すぞ。つかみ殺してしまうから、そう思え。おれはあさっての朝早く、鳥のうちを一軒ずつまわって、お前が来たかどうかを聞いてあるく。一軒でも来なかったという家があったら、もう貴様もその時がおしまいだぞ。」
「だってそれはあんまり無理じゃありませんか。そんなことをする位なら、私はもう死んだ方がましです。今すぐ殺して下さい。」
「まあ、よく、あとで考えてごらん。市蔵なんてそんなにわるい名じゃないよ。」鷹は大きなはねを一杯にひろげて、自分の巣の方へ飛んで帰って行きました。
よだかは、じっと目をつぶって考えました。(傍線は梨木による)

「ひばり」「かわせみ」「蜂すずめ」それぞれについてどのような鳥であるのか発問すれば、自分の経験を語ったり鳥に興味をもったりするような子どももいるかもしれないが、生徒を指名する時間をどんどん費やしてしまう。

鷹がよだかに対して「市蔵」という名前を強要する箇所などを「いじめ」に関連づけたり、名前というものの重要さに関連づけたりして子どもに発問したりすればさらに時間を費やす。宮沢賢治の思想や他の作品との類似点等を説明すればどんどん時間を費やすことになる。

このようにして同一の教材であっても発問や取り扱いによって、費やす時間は教員の判断で２倍にも３倍以上にもなるのである。

演習8

問 新しく数学を担当するようになったＢ先生はほぼ毎時間小テストを実施し、宿題を増やし熱心に指導した。数学の学力という点では格差が拡大する面もあったが、結果としてこのクラスの成績の平均点は相当上昇した。教員Ｂに対して批評せよ。

-
-
-
-
-
-
-

注
1) 石川實『黒板の文化誌―教育のためのもうひとつの世界―』白順社　1998年　p.202
2) 家本芳郎『挑戦　教育実践練習問題』ひまわり社　2005年　p.72

第2部

実践演習の方策

1988年の教育職員免許法改正で「生徒指導、及び教育相談に関する科目」が新しく教職課程の必修とされ1997年の教育課程審議会答申ではこの教職科目「生徒指導、教育相談及び進路指導に関する科目」が2単位から4単位に引き上げられた。この背景には1980年代から1990年代に生徒の「いじめ」を中心とした「問題行動」の深刻化があり、教職志望者に対して「実践の識見」「教育指導の実践」[1]がいっそう求められた結果であるといえる。

子どもたちの「問題行動」の深刻化があり、また同時に求められる教員像として、「教科の専門性」よりは、人間性や生徒指導力に比重が置かれてきているという事情を背景にして教職科目の「教職概論」「生徒指導論」さらに「教職実践演習」が新規開設された[2]。

この「教職実践演習」の「授業内容例」として①②③の事項それぞれに役割演技が提示され、さらに「授業方法」（想定される主な授業形式）で「理論と実践の有機的な統合が図られるような新たな授業方法」として、役割演技が示されている。

主として①に関連するものとして「様々な場面を想定した役割演技（ロールプレーイング）や事例研究のほか、現職教員との意見交換等を通じて、教職の意義や教員の役割、職務内容、子どもに対する責務等を理解している」[3]ことが示されており、この領域では、教員と子どもとの関わりをロールプレイすることが想定されている。また、主として②に関連するものとしては「役割演技（ロールプレーイング）や事例研究、学校における現地調査（フィールドワーク）等を通じて、社会人としての基本（挨拶、言葉遣いなど）が身に付いているか、また、教員組織における自己の役割や、他の教職員と協力した校務運営の重要性を理解しているか確認する」[4]ことが例示されており、この領域では例えば養護教諭と学級担任など立場の違う同僚間のロールプレイが想定される。

さらに、主として③に関連するものとしては「いじめや不登校、特別支援教育等、今日的な教育課題に関しての役割演技（ロールプレーイング）や事例研究、実地視察等を通じて、個々の子どもの特性や状況に応じた対応を修得」[5]することが例示されており、まさしく「今日的な課題」に対して役割演技によっ

てその「対応」を構想することが提起されているのである。

「1. 科目の趣旨・ねらい」として比較的新しい要素は特に「②社会性や対人関係能力に関する事項」の項目に多い。「4. 授業方法」であらためて「ある特定の教育テーマ（例えば、いじめ、不登校等）に関する場面設定を行い、各学生に様々な役割（例えば、生徒役、教員役、保護者役等）を割り当てて、指導教員による実技指導も入れながら、演技を行わせる」[6]という記述があることから考えても、生徒や保護者の立場で役割演技をすることによって「社会性や対人関係能力」を育むことが「教職実践演習」で重視されていると読み取ることができる（付録参照）。

山田丈美は「教職実践演習」について、「文字通り実践的な活動や教育技術習得を内容とする科目ではあるが、その土台を支える理念が必要である」[7]としたうえで、「相手意識、教師である自身と児童・保護者・同僚等の他者とのかかわりを重視した言語実践を、ぜひとも教職実践演習で学ばせたい」[8]と指摘しているが、この「相手意識」「他者との関わり」は役割演技によっても高められる。

第2部では、この教職実習演習の方策・技法としての「役割演技」についての実践や課題をまとめる。

第1章 ロールプレイの定義

第1節　ロールプレイの定義

　治療的なロールプレイの創始者であるとされているモレノに学んだコルシニによる入門書では、ロールプレイの定義は以下のようになる。

> 本質的にロールプレイングとは「〜のつもりになる」プロセスです。セラピーにおいて患者（もしそれが相互作用の状況ならば患者以外の人々も含まれる）は、限られた時間「あたかも〜のように」（実演状況は極めて現実的であるなかで）演じていくことなのです[8]。

　ロールプレイについて最も広義の定義は「〜のつもりになる」ということである。自分以外の他者のつもりになってみることにより、ときには治療に役立て、ときには教育に役立てるのである。

　「用語についての覚書」として、コルシニはさらに

① 演劇上のもの。
② 社会学上のもの。
③ 偽装的なもの。
④ 教育的なもの。

の4つを提示しているが、ここでは「教育的なもの」を取り扱う。つまり、「自己理解や技能の向上、行動の分析のために、人々の前で、ある人がどう振る舞うのか、振る舞うべきかを示すように、想像上の場面のなかで演じること」[9]

である。

> ロールプレイングは日常のある課題場面の諸役割を、その場の参加者たちが言葉と行為で演じてみて、解決の手がかりを得る方法である。役割を演じることは元来社会生活で行われている。教育の場でこの役割演技を技法化して、再び社会生活につなげるのである[10]。

例えば、教育実習自体も一種のロールプレイとされる[11]。教師という役割を演じてみて、自分にその役割が適合していると思う者はいっそう教職への熱意が高まるし、自分には合わないと判断した者は教職から遠ざかる—そのような判断を役割演技によって洞察する場として実習が機能しているともいえる。役割演技だからこそ可能となるような「気づき」を提供しているのである[12]。

第2節　教職志望者にとってのロールプレイの意義

　子どもたちの前で、泣いたり、本気になって怒ったりすることによって理屈ではなく感情が伝わっていくことは確かに存在するので、学校現場ではある程度の演劇的要素が求められているともいえる。役割をあらかじめ「演じる」ということは教職志望者にとって意義ある経験である。
　冨島雅子によればロールプレイは「感受性訓練」[13]である。観察者の方もどのように感じたか、どこをどう変えれば結果はどのようになっただろうかといった感想や意見を伝えていくことにより、演じた人の気づきもまた大きくなっていく。このようにして、「参加者全体の感受性が開発される極めて効果的な研修方法」[14]であるとしている。
　劇の台本のようなものはまったくなく、会話の筋についての事前打ち合わせもなく、「ぶっつけ本番」で演技するというのが冨島のロールプレイの手法であるが、ある程度の能力がある学生でないと「ぶっつけ本番」は難しい。
　「留意事項」として冨島はロールプレイ参加者の内面にも気を遣っている。「あくまでも、役割による演技である。したがって、演じている人は役による

人格を表現しているのであって、その人の人格そのものではない」[15]ということを徹底しないと、役割における演技はできなくなると考え、演技の上手、下手を問うものではなく、お互いに何をどのように感じるかをねらうという意図のもとでなされるのであり、「演技をした上で感じたことは素直に話し、お互いの心の交流を感じ合うこと」[16]を重視する。

また、時間を制限することによって、自分を出しすぎるまで踏み込まなくてもよくなり、時間制限を設定することにより、自分が守られるのだとする。時間を延ばせば延ばすほど自分自身の内面に触れる危険性が高まるのである。このような冨島の発想は構成的エンカウンターグループに似ている。

> A子は、中学3年生であるが、受験勉強にも手が付かず、夜間も出歩くことが多い。
> A子の母親は、個人懇談の折りに、「うちの子は、友だちに振り回されているのだ。学校できちっと生活指導をしないからだ」と切り出した。担任は、学校での指導のあれこれを並べて、指導の歩みを提示するが、母親は「先生の言われている方法は、甘いのです。いろいろやったけど、それでもあきません。」と言う。
> 担任は、「それは家庭の問題でしょう」と言ってみたいのだが、そのようなわけにもいかず、どのように話せばよいだろうか？[17]

冨島の場面設定は例えば上記のようなものである。吉田新一郎の場合の「他人の役割を演じることで自分とは異なる視点や考え方があることに気づかせようとする手法」[18]とロールプレイに対する認識では一致するが「演技は、結論を急がず、その場のなりゆきに任せて進めることが大切ですが、テーマなどによっては、いくらやっても満足のいく結果に至らないこともありますので、一応時間的な制限を設けておくとよいでしょう」[19]としており、時間制限の理由は冨島とは違う。「ロールプレイの後にする話し合い（振り返り）」を重視する姿勢は冨島と共通する。状況に応じてロールプレイの途中で教師が「ストップ」と叫んで、演技を中断してもらい、その時点で演じている人がどのように感じているかを言ってもらったり、その時点で起こっていることを話し合うことも可能とされる。このような場面設定によって冨島の場合は例えば、保護者対応という感受性訓練を実現するのである。

これに対し、杉浦健のロールプレイの場合は、学生に原稿やシナリオを書かせる作業が位置づけられていて、「ぶっつけ本番」ではない。

杉浦健は「授業のWHY」を「なぜその科目を教えるのか、生徒に何を学んで欲しいのか、自分は何を何のために教えるのかといったことであり、それらは授業の中で、言葉を通じてだったり、授業方法だったり、授業の内容だったりを通して伝えられるべきことである」[20]としたうえで、ロールプレイを重視し、「課程方法論では、学生たち自身一人一人の授業のWHYを明らかにし、授業のHOWを身につけることを大きな柱として授業を進めている。具体的な授業のあり方は、①講義、②ロールプレイ、③ロールプレイの原稿書き、④シナリオ型指導案の作成の4本立てである」[21]として「ロールプレイの原稿書き」や「シナリオ型指導案の作成」など書き言葉による作業がかなりの比重を占めており、「会話の筋についての事前打ち合わせ」もない冨島の役割演技とは質が異なる。

「講義だけでは授業の作り方や行い方を身につけることは難しいため、講義は最小限にして、後に示すようなロールプレイの時間をできるだけ取るようにしている」という問題意識は冨島にも共有されるだろう。しかし、「15名程度のグループを作り、グループ内で順番に教員を演じ、ホームルームや授業を擬似的に行っている」[22]という設定は、中学1年から高校3年生までのどれかの学級担任を受けもっており、ある科目を教えている教員になりきるというものであり、役割が教員にほぼ限定されている。

原稿書き課題のテーマも「教員としての自己紹介」「第1回目のロングホームルームで自分の教育理念を伝える」「勉強するのは何のため」「受験に向けて、受験生がんばれメッセージ」等であり、教育現場で教員が生徒に伝えることの多いような内容が中心である[23]。書くという作業が重視されている点に関しては第2章で紹介するロールレタリングと重なる部分もある。

第3節　ロールプレイの具体例

「ロールプレイングにはあらかじめシナリオがある場合もありますが、普通ほとんどは状況のみが設定されることが多い」[24]ともされるが状況設定だけで円滑にロールプレイが進むためには、学生の側にある程度のトレーニングと力量が必要である。課題としてのロールプレイの与え方を4つに分類してみたい。

一般的には下記の①→④の順に創作度が増していく。

段階①　「場面」「会話内容」を教員から提供
　　　　この場合は会話内容を読み上げることによりその人物の立場や気持ちを想像してみることが重要である。
段階②　「場面」を教員から提供して「会話内容」は学生が創作
　　　　その人物の会話内容まで想像することはかなり高度な作業となるが、その人の立場や気持ちを深くまで理解することが可能になる。
段階③　学生が創作した「場面」に対応する「会話内容」を同じ学生が創作
　　　　学生が設定する「場面」にもその学生の教育観や経験が反映されることが多い。
段階④　学生が創作した「場面」を交換して別の学生が「会話内容」を創作

段階②の場合から具体例を基に説明する。例えば下記のような「場面」が提供される。

場面Ⅰ「1組のAがしばしば保健室へ行っているという噂をBから聞いた学級担任Hは、最近Aが遅刻や欠席の多いことについて事情を聞きに養護教諭Yのところへ行く」

この場面からHとYの会話内容を創作していくのである。普通はH役とY役を設定する。下記は②のもとで演じられた一例である。

> 学級担任（H）と養護教諭（Y）間

 H 失礼します。
 Y はい。
 H 1組のAのことなんですが。最近よくお世話になっているらしくって。
 Y そうですね。まぁ、もともとAさん部屋にはよく来ますが。
 H 遅刻や欠席が増えてるんですが、何か事情について知りませんか。
 Y 少し表情が暗いかなー。直接の原因はよくわかりませんが。
 H 何か特に変わったことはありませんか。
 Y 以前はBと一緒に来ることが多かったのですが、最近は一人でよく来ますね。
 H 喧嘩でもしたのかな。
 Y 機会があれば話題にしてみますが。

以上はオーソドックスな展開といえる。

あらかじめ上記の会話内容も用意されているパターンが段階①である。例えばYの「少し表情が暗い」や「以前はBと一緒に来ることが多かった」、Hの「喧嘩でもしたのかな」等はアドリブ的な発言である。そうした各自のアイディアを基にした発言がロールプレイの展開を変えていくことになるのである。

場面Ⅱ「ある生徒の親から、授業日に家族旅行に行く計画が学級担任に伝えられていたが、担任はそれは学校としては許されないことだ―と返答した。翌日、その生徒本人からも担任に旅行の件を話題にした」

上記の場面に対して、ロールプレイがなされたときの一例である。

> 生徒と教員間

 生徒 旅行に行く話しは親からも話してるって聞いてるで。
 教員 授業を休むことを認めたわけではない。相談があった段階で、それは困りますって返事してるよ。
 生徒 学校休む方が代金だいぶ安くなるねん。
 教員 そんなん一人の生徒に認めたらみんな行きたがるようになる。
 生徒 保健室の先生もいいって言ってたで。
 教員 それも別に許可をしたわけじゃなくて、話を聞いただけやと思う。
 生徒 うちが貧乏やからしゃあないねんって言ったら理解してたで。

教員　旅行代金が安いということに理解を示しただけで、学校をさぼることを認めたわけじゃないと思う。

　学生のなかには実際に学校を休んで旅行に行った経験のある者もいるかもしれないが、ここでは教員の役割に立つことによって毅然と対応する「構え」を体験する。家族旅行の話はもともと親（保護者）が主導したものである可能性もある。生徒はひょっとしたら親と学校にはさまれて辛い立場かもしれないが、矛盾に満ちた役割を演じてみる。養護教諭は決して生徒の発言を肯定したわけではないが、立場上話を受容的に聞いていた結果を生徒が誤解しているのである。実際にありそうなケースであり、教員が設定した会話の背景を学生が読み取りながら役割演技を進めることが段階①における学生の工夫点である。

演習9

「兄弟に関わりのあった生徒」への教員の会話について
教員　加藤って、お姉さんおったっけ。
生徒　全然似てないけど。
教員　知ってるわ。2年違いやな。
生徒　おれだけ勉強できへんねん。

　問　上記のような生徒の言葉に対して、教員としてあなたはどのような言葉を返すか。

・
・
・
・
・
・
・

ここで観点を少し変えて演劇の脚本を書く立場からロールプレイの在り方を考察してみる。「対話」と「会話」の違いに着目しながら言葉のやりとりが第三者にどのようにうつっているのかを考えるのである。

> 　注意しなければならないのは、「対話」と「会話」の違いである。あらかじめ、簡単に定義づけておくと、「対話」とは、他人と交わす新たな情報交換や交流のことである。他人といっても必ずしも初対面である必要はない。お互いに相手のことをよく知らない、未知の人物という程度の意味である。
> 　一方、「会話」とは、すでに知り合っている者同士の楽しいお喋りのことである。家族、職場、学校での、いわゆる「日常会話」がこれにあたる。
> 　英語では厳然と区別される二つの単語が、日本語では非常に曖昧な扱い方をされる。ここに、戯曲を書く上での、一つの大きな落とし穴がある。講座に集う多くの生徒は、「対話」ではなく、「会話」を書いてしまうのだ。だが、「会話」だけでは戯曲は成立しないのである[25]。

　上記のように平田オリザによれば、戯曲は「対話」によってこそ進行する。「会話」の場合はその発話者にしかわからない前提条件の説明が省略されるので、観客にとってその内容がわかり辛い。そのように考えると、初めての来室者を迎える保健室での応酬は「対話」を構成しやすい状況設定であるといえる。

　会話内容を創作する場合にはそのしめくくり方が大きく分けて「決着型」「ひとくぎり型」「問題提起型」の３種の型に分かれる。現実の社会では「問題提起」型に終わる場合が多いだろう。「時間切れ」で「ひとくぎり」型を余儀なくされる場合もある。「決着」型は心情的にはすっきりするが、役割演技をしてみると少々現実離れする印象にもなる。

決着型―最終的に事態は一応のおさまりを示している。

① 「不登校傾向の子どもへの対応」
　役割―教師A　登校している生徒B　不登校の生徒C
　教師A　B君、確かC君と仲良かったよね？
　生徒B　はい。
　教師A　実はC君今日からちょっとずつ学校へ来ることになったの。ただし保健室へな

んだけど。
生徒B　あっ、そうなんですか。それでも良い方へ変化がありよかったです。
教師A　そうね。そこでお願いなんだけど。給食の時間だけいっしょにC君と食べてくれない？
生徒B　いいですよ。僕もCといろいろ話したいですし。
教師A　本当？それならよかったわ。学校にまたなれていく意味でも、ちょっとずつでも他の生徒たちとも何かからみがあった方がいいと思うから、C君の様子を見ながら今後はB君の友達も誘って給食を食べるようになれたらと思うの。
生徒B　確かにそうですね。しっかりCとも話し合って、様子を見ながら給食を食べて最終的には、また教室に帰ってこれるよう僕も協力します。

② 「思いすごし」
生　徒　この前先生に無視されてん。
教　師　なんでそう思ったんや。
生　徒　問題の解答のときずっと手あげとったのにあててくれへんねん。
教　師　他の子が先にあげたんとちゃうんか。
生　徒　一番先に手あげとったで。
教　師　いつも君が答えてばっかりやったからとちゃうか。
生　徒　そうやけど。
教　師　まぁ　気にせんとき。
生　徒　わかった。

③ 「遠足のグループ決め」
教　師　今から遠足のグループ決めをしたいと思います。何かいい方法はありませんか。うちクラスは30人なので、6人グループを5つつくりたいと思います。
生徒A　好きな人どうしでよくないですか。
教　師　それは男女が一緒のグループでもよいのか。
生徒A　はい。それは自由です。
生徒B　その方法なら仲良くない子ともならなくてはならないので、何人でもグループOKにしましょうよ。
教　師　その方法もよいと思うが、多いグループと少ないグループにわかれるとなー
生徒C　もうそれじゃ名前の順か出席番号順にしましょうよ。
生徒B、D　その方法なら先生がとってくれたこの時間の意味がないじゃないか！
教　師　わかった。それじゃもうくじで決めよう。

解説　①では教師Aから生徒Bにお願いをして、Bはその内容を了承して、円満に決着している。この後の発展としてはBとCの会話等も構想可能である。②では生徒の「無視されてん」という「思いすごし」が「いつも君が答えてばっかりやったからとちゃうか」という教師の言葉によって一応の決着をしている。③では「グループ決め」について教員から話し合いの時間を提供され、多様な意見が出されるなかで、全員が納得したわけではないが「くじで決める」という方策で一定の決着をみている。

ひとくぎり型―決着には至らないがその場はいったん休止

④　「日曜参観の欠席」
　母　　　授業参観についてですけど、大切な宗教行事が入ってしまっていて、私と息子は学校に行きませんが、それってまさか欠席にはならないですよね。
　担　任　欠席になります。
　母　　　何でですか。日曜日じゃないですか。
　担　任　すみませんが、それはあらかじめ決まっていて、ちゃんと振替休日もあるのですよ。
　母　　　それでも納得できないです。
　担　任　気持ちはわかりますが、授業参観もきちんとした行事です。せっかくの息子さんの晴れ姿ですよ。
　母　　　そうですね。わかりました。もう一度考え直します。

⑤　「不登校の保護者と教員」
　保護者　突然ですみません。うちの子どもが最近学校に行きたくないというのですが、何か原因を知りませんか。
　教　師　実は最近行動の変化に気づき、調べたところイジメがあったみたいです。そのイジメは前にもあったことで、しっかりと注意し解決までいったと思いましたが、また始まったみたいです。
　保護者　どのようなイジメなんですか？
　教　師　理由はよくわからないのですが、「汚い」や「くさい」など口で悪口を言われるみたいです。
　保護者　そうですか。学校として今後どのように対応してくれるんですか？
　教　師　もう一度この問題に関わった子どもたちを集めて話をして、2回目ということなので、一人ひとりの保護者に連絡をして、対応していきたいです。

⑥ 「話してくれない生徒」
 教　師　　最近Cがよく保健室に通っていると耳にしたのですが。
 養護教諭　最近よく来るようになりましたね。
 教　師　　何か変わったことはないですか。
 養護教諭　何かはあったみたいですよ。元気がないみたいだけど。
 教　師　　なにがあったんでしょうか。
 養護教諭　私にも話してくれないので
 教　師　　直接聞いてみます。
 養護教諭　何かあれば私も協力します。
 教　師　　ありがとうございます。

⑦ 「卒業か退学か」
 生　徒　先生、オレ学校やめよう思てるねん。
 教　師　なんで？
 生　徒　オレ、ミュージシャンなろ思てさ。今バイトでバンドの仕事しててさ、それに集中したくて。
 教　師　本気でそう思てんのか？
 生　徒　うん。学校おっても頭悪いから勉強できんしさ。
 教　師　そうか。でも先生としては卒業まで学校におってほしいなぁ。
 生　徒　なんで？
 教　師　もうあと数カ月やし、それに友達との大切な思い出づくりもできるし、な。

 解説　④⑤はいずれも保護者と教員間の会話である。学校現場において、例えば面談期間にまとまった数の面談をこなさなくてはならないような場であれば時間制限があるので、話が決着したわけではないが、一応の「くぎり」となることは珍しくはない。それ以上会話を継続してもあまり発展がないような場合にも「ひとくぎり」はあり得る。現実にはこのような中途半端な決着も少なくはない。⑥⑦も話題についての共通理解がなされたというよりは、とりあえずその場はおさめておこうという機運が発話者間に形成されている印象である。

> 問題提起型—問題提起がされたままで事態はおさまっていない

⑧ 「ひきこもり」
　母　学校に行きなさい。
　子　行きたくない。
　母　どうして？
　子　楽しくないから。
　母　いいから用意して行きなさい。
　子　だれもわかってない。
　母　どういうこと？
　子　いじめられている気持ちは本人しかわからない。
　母　あなたいじめられてるん？
　子　別に…
　母　ごめんなさい。そうとは知らずに無理やり行かそうとしてて。
　子　どうしたらいいんやろ。

⑨ 「いじめ」
　生徒　先生あのなーぼく今日いじめられたんよ。
　教師　そうか。なんか理由あるんか。
　生徒　生徒Bちゃんがまわりにおった女の子に紙くずなげられとったからやめろって言ったら他の男がかっこつけるなって言っていじめてきたんよ。
　教師　生徒Bちゃんはなんでいじめられたんやろか。
　生徒　わからへん。でも太ってるからとちゃうかな。
　教師　他の男の子はなんで生徒Bちゃんを助けようとせぇへんかったんかな。
　生徒　みんな自分がいじめられたらいややからやろ。
　教師　今日学級会ひらいてみんなで話し合おか。
　生徒　（その後にまたいじめられたらどうしよ…）

⑩ 「バイト」
　教師　最近、授業中居眠りが目立つような気がするが、しっかり寝てないのか？
　生徒　実は高校入学してもう落ち着いたと思ってバイトを始めたんです。
　教師　バイト？何のバイトだ？
　生徒　居酒屋です。10時までなんですけど、その後ごはん食べたり話をしていたりしたら12時くらいになっちゃって。
　教師　まぁ高校生にもなったらなにかとお金もかかるしなぁ。君はクラブもしているから余計いるだろう。

生徒　はい。携帯も自分でもつようになったし、クラブやバイクの免許もとりたいので貯金しようかと思ってバイトを始めました。
教師　何か目的があったり必要とするなら仕方ないけど、それが授業に影響してくるとなぁ…。テストも心配だし、あまり賛成はしにくいが時間とか考えて授業に集中できるようにならないか？
生徒　土日は練習あったり、試合あったりだし、やっぱり平日はいるしかなくなってるんですよねー。まぁテスト勉強はしっかりやるんで大丈夫です。
教師　本当かぁー。少し心配だぞ。今の授業態度みてると

　⑧も⑨も子ども自身は事態がどのような方向に向かっていくか不透明なために困惑している。⑨については作成した意図が「このロールプレイでは教師が普段から子どもに目を配っていないためにいじめの原因がわからず、普段からの生活を見ることが重要だということを理解するためにこのようにしました」とされている。⑩についても「バイト」をめぐる見解についての教員と生徒間での不一致は存続したままである。現実生活のなかでは、問題提起だけがなされて事態が解決していない会話も多いので、このようなロールプレイを前にして事態の解決を模索する作業の方が課題としては実践的といえるのかもしれない。
　創作度の最も高い段階④の場面設定例を最後に紹介する。詳しく場面が設定されている方が、それに対応する「会話内容」も創作しやすくなる。

場面設定
〈登場人物〉
　男子生徒A　中学1年生。おとなしく内気な性格。目立たない存在。給食の時間に嘔吐してしまい、そこから教室に戻ることができなくなった。
　Aの学級担任　1年目の新任教師。熱血の先生にあこがれて教師になった。はりきりすぎて少し周りが見えていない。A君が教室に戻って来れないのを何とかしようとしているが、空回りしている面がある。
　養護教諭　20年勤務のベテラン
　〈場面〉A君の相談にのったりしているうちにA君がやっと心を開いてくれ、保健室に登校することを成功させた。保健室登校が4日続いている。学級担任がA君を学級に戻そうとしているのは理解できるが、少々強引なところがあり、諭そうとしている。しかし、担任にはなかなか伝わらずに苦戦している。

解説　この場面では「20年勤務のベテラン養護教諭」が登場し、学級担任とのあいだに課題がある設定になっている。ベテラン養護教諭が新任学級担任と意思疎通が円滑に進まず「苦戦」している。このイメージは養護教諭志望者自身に少なからず存在する不安なのだろうと想像できる。創作された場面設定には創作者である教員志望者の不安や期待がしばしば反映される。

　「教職実践演習」では基本的に教員が中心にいて、立場の違う同僚間や対保護者とのやりとりを想定したロールプレイが前提になっていると考えられるが、子ども同士のロールプレイについて構想してみることも子ども理解の一助にはなるかもしれない。いくつかの例を紹介しよう。

⑪　「女の子同士のもめごと」
　　A 悩んでいる女子　B 気の強い女子　C 流されやすい女子
　B　CちゃんってAちゃんと仲良いよなぁ？
　C　Aちゃんとは小学生のころからずっと友達やから仲良しやで〜。
　B　でもこの前AちゃんがCちゃんの悪口言ってたで。
　C　ほんま？信じられへん。ショックやわ。
　B　だからAちゃんのこと無視しよ。
　C　ムカつくからそうするわ。

　教師　Aさん最近元気ないねぇ？
　A　　そんなことない。
　教師　何かあったの？
　A　　BちゃんとCちゃんが私のこと無視してくる。BちゃんはどうでもいいけどCちゃんとは仲良かったのに何でやろう。私、何もしてないのに。
　教師　そうかぁ…なんでやろうねぇ。
　　　　Cちゃんと話してみたらどう？
　A　　しゃべってくれるかなぁ？こわいなぁ。
　教師　何も話さんかったらどんどん気持ちすれ違うだけよ。Cちゃんも何か考えてるかもしれないし、先生だったら聞いてみて自分の思っていることも話してみるな。
　A　　そうやなぁ…Cちゃんと仲直りできるように話してみる！あとね、Bさんはどうでもいいけど、なんて言ったらあかんよ。Bさんとも仲良くしないとBさんもさみしいはずよ。だからBさんにも優しく接してあげようよ。

A　そうやなー。確かに私、CちゃんばっかりとしゃべってBちゃんとはそんなにしゃべったりしてないなぁ。
教師　今ならBちゃんの気持ち分かるでしょ？でもAさんは悪いことしてないんだから、まずはCさんと話してみてよ。
A　はい。先生、このことは誰にも言わんとってな。

　教員の登場しない場面が、子ども同士の人間関係について考察する契機となり得る。

保健室来室者の「型」

① 「ひまつぶし」型：何か特に用事があるわけではない。
② 「付添」型：用事がある生徒の付添。付添者は用事はない。
③ 「近況報告」型：ある期間内の出来事の報告のための来室。
④ 「友人」型：第三者から見れば毎回歓談しているような来室。
⑤ 「計測」型：体重や身長等を計測することを目的に来室。
⑥ 「健康相談」型：肌荒れ等健康に関わる具体的な相談のために来室。
⑦ 「孤高」型：ある種のプライドから集団非調和的な者が自己評価を求めて来室する。居場所を求めている面もある。
⑧ 「不定愁訴」型：本人も原因が明確ではないが不調を訴えて来室する。
⑨ 「訴え」型：抑えておくことが困難な感情の高まりがあり話を聞いて欲しくて来室する。友人関係や家族、恋愛等の悩みを含む。
⑩ 「緊急」型：病気や怪我等への処置を必要として来室する。

　養護実践交流会の幡中理恵さんによれば、保健室来室には上記のような「型」がある。それぞれの「型」において生徒と養護教諭との会話としては、どのようなイメージになるのかを考えてみるのも有意義な試みだろう。

　例えば以下のようなものである。

① 「ひまつぶし」型
　S　先生、来たで。
　T　はい。毎日だいたい決まった時間に来るね。
　S　先生、髪切ったん。

T　前髪そろえただけね。
 S　自分で切ったん。私のも切ってえや。
 T　自分でするようにせなあかんよ。
 S　もう、行くわ。
 T　また、ね。

② 近況報告型（1）家族内の軽い喧嘩
 S　久しぶりー。
 T　はい。今月初めてかな。
 S　まだ喧嘩続いてるねん。
 T　だいぶたつねぇ。
 S　メールも無視してるし。
 T　そうかぁ。
 S　また、来るわ。
 T　また、ね。

③ 近況報告型（2）家庭でのトラブル
 S　昨日はガラス割れてん。
 T　危ないなぁ。
 S　朝になっても破片散らばってたわ。
 T　けがしたらあかんねぇ。
 S　弟泣き叫ぶしなぁ。
 T　かわいそうにね。
 S　自分も家出たし、そのあと会ってないわ。
 T　学校行ってるんかな。
 S　家にはおりたくないからなぁ。

第4節　ロールプレイの課題

　教員の研修としてロールプレイが用いられることは多い。教員が保護者や児童・生徒等異なる立場の内面に目を向けることは有意義なことである。「カウンセリング・マインド」を育成する契機にもなり得る。しかし、ロールプレイの課題によっては、演者の内面に関わるようなものもあり、「評価」を伴う授

業の場で学生にさせる場合には慎重に進めなければならない。

例えば、ロールプレイの中心となってドラマを進めていく人が「自分の内面の問題（葛藤を抱えている）および対人関係上の問題（課題）があり、それを何とか解決しようとする人」[26]である「主役」と位置づけられていることもあるが、「ドラマが展開していく中で何度か葛藤状態に置かれて」[27]しまうというようなことが講義のなかで起こることが妥当なのかという問題はある。

受講者全員のなかに、自分の内面をある程度オープンにして構わないという共通理解があらかじめ前提となっているならば大きな問題はない。しかし現実の教職課程では、教員免許を取得しようという学生の理由も多様に分かれるし、教職への熱意も受講者によって相当な差異もある。「ロールプレイの進め方」としては①ウォーミングアップ、②再現、③ロールプレイ、④シェアリング（話し合い）と段階が一般的には提示されている[28]が、4段階もの手順の時間を講義のなかで確保することも容易ではない場合が多い。

次章の「ロールレタリング」と併せて課題について考えていきたい。なお、姉妹編『最新　教職概論・生徒指導論』の第4章に演習7・8・9・10が、第8章に演習12がロールプレイの課題として設定され、解説もされているのでぜひ参照していただきたい。

演習10

問　スキーの男子インストラクターとその指導をされていた女子高生が修学旅行終了後も交際を続けている。そのことを女子高生の保護者は了承していて、他の生徒から問題提起があったという場合についてロールプレイを構想せよ。

・
・
・
・
・
・
・
・

注

1) 原野広太郎『教職課程 生徒指導・教育相談・進路指導』(日本法律文化社 1993年 はしがき)によれば、それまでの教職課程で例えば「教育心理学」等を担当する大学教員は、「学問的知見や研究成果の講義や紹介に終始している」という傾向があり、また「学問、研究のジャンルあるいは内容としてはともかく、実践の識見を教授する科目としては不十分」であったため「教育指導の実践に必要な科目は何かと問うた時に、常に生徒指導や教育相談に関する科目が浮上してきた」という事情があったのだという指摘がある。「実践の識見」や「教育指導の実践」ということが1980年代後半以降教職課程で強調されてきたのである。
2) 教員養成について、文部省の政策が教職科目を重視し、生活指導力の向上と教職の使命感の高揚に力点がシフトするようになってきたことは多くの教職科目テキストで指摘されている。教員免許取得のために必要な負担は基本的には戦後増え続け、「教科に関する科目」の比重は下げられている。姉妹編の『最新 教職概論・生徒指導論』では p.15 に詳しい。
3) 4) 5) 2006 (平成18) 年7月11日の中央教育審議会の答申「今後の教員養成・免許制度の在り方について」「教職実践演習(仮称)」について
6) 7) 山田丈美「教職実践演習における言語的実践—その可能性と限界—」中部学院大学・中部学院短期大学研究紀要 第10号 2009年 p.130
8) レイモンド J・コルシニ 金子賢訳『心理療法に生かす ロールプレイング・マニュアル』金子書房 2004年 p.6
9) レイモンド J・コルシニ 金子賢訳 前掲書 用語についての覚書 2004年
10) 台利夫『ロールプレイング』日本文化科学社 2003年 p.8
11) 外林大作監修 千葉ロール・プレイング研究会『教育の現場におけるロール・プレイングの手引』(誠信書房1981年 p.5)には「教師の資格をとるためには、大学で必須の講義の単位を習得するだけでなく、教育の現場での実習が必要条件になっています。この教育実習がどんな意図をもって採用されるようになったか、その根拠は詳らかでありませんが、これは一種のロール・プレイングということもできます」と書かれている。
12) 丸山隆 八島禎宏『演じることで気づきが生まれるロールプレイング』(学事出版 2006年 p.13)によれば、ロールプレイングは、「自由な雰囲気の中で現実に近い場面を設定し、演者に特定の役割を演じさせることによって物事への視点の客観性を高め、自分では気づかなかった日常生活での課題や問題の解決、あるいは自己を再発見」することが目的である。
13) 14) 15) 16) 17) 冨島雅子「教育的愛情、倫理観、遵法精神その他教員に対する社会的要請の強い事柄、対人関係、日常的コミュニケーションの重要性」平成23年度大阪市立大学教員免許状更新講習 pp.71-73
18) 19) 吉田新一郎『効果10倍の〈教える〉技術』PHP 2006年 p.212
20) 21) 22) 杉浦健「第7章 授業を育てる力を育てる「教育課程・方法論」の実践」阪神地区私立大学教職課程研究連絡協議会『教師を育てる 大学教職課程の授業研究』ナカニシ

ヤ出版　2010 年　p.94
23) 杉浦によれば、このロールプレイおよびそのための原稿書きには 2 つの意味がある（前掲書　pp.96-97）。

　　ひとつは、ロールプレイによって、普段人前で話す機会の少ない学生たちに、自分の考えを伝える技術（コミュニケーションの取り方、ノンバーバルコミュニケーションの重要性など）を身につけさせるための練習、経験をさせることである。人前で自分の考えを説得力をもって伝えるのは、わかってもなかなかできないスキルであり、少しでも多くの経験を積ませることが必要と考え、時間の許すかぎり、このロールプレイの機会を多く取っている。

　　もうひとつの意味は、生徒に伝えるという枠組みを提供することで、自分の授業のWHY をまとめ、明らかにすることである。これは実際に行った課題の例で説明しよう。学生に与えた課題は次のようなものであった。

　　あるとき、一人の生徒がやってきて、「先生、勉強って何のためにするの？」と言ってきた。あなたは、「私も中学（高校）のとき、そんな疑問をもったことがあったな。きっと君だけじゃないと思うよ。今度のロングホームルームでちょっとみんなに話そうか。先生の考える、勉強する意味、勉強する理由だね。ちょっと準備して話すから待っててな」と言って、そのロングホームルームのロールプレイを行う。

　　このような課題に答えるためには、学生は自らを振り返り、自分の中に勉強する意味を探し、明らかにする必要がある。もちろん、実際には大学生が勉強する意味や学ぶ意味、教える意味を明確に確立できているとは思えないが、とにかく生徒に問いかけられた問いに、現時点で誠意をもって答えるという姿勢をもつことで、少しでもこれまでもっていた考えよりも深い学ぶ意味や勉強する意味、すなわち授業の WHY を明らかにできるのではないかと思っている。

24) 八島禎宏「第 1 章　ロールプレイングって何だろう？」　丸山隆　八島禎宏　前掲書　p.15
25) 平田オリザ『演劇入門』講談社現代新書　1999 年　p.121
26) 27) 28)　丸山隆　八島禎宏　前掲書　p.14

第2章

ロールレタリング（役割交換書簡法）

第1節　ロールプレイ（役割演技）との対比

　話し言葉によるロールプレイ（役割演技）に比べれば、ロールレタリング（役割交換書簡法）の場合は、与えられた役割を演じる時間が長く、また「書き言葉」による表現で特定の個人に向けて演じられるので、しばしば内面の深い部分までをさらけだすことが起こる。「非公開の内的世界という舞台で、自己の真実を見つめる単独劇」[1]ともいえる。

　ロールプレイは、演じている様子が公開され、その様子を観察する作業も重要であるが、ロールレタリングは公開されることが前提ではない場合もある。

　ロールプレイのように次々と役割交換するようなことはないが、逆にロールレタリングでは、いっせいに同じ課題をすることも可能である。

　授業の場でロールプレイを実際に進めていくためにはさまざまな準備が必要であり、相当の時間と労力もかかる。ロールプレイは基本的に「話し言葉」による演技であり、授業の進行の過程ではロールレタリングのように「書き言葉」による役割演技も必要に応じて取り込んでいくことが重要となる。

　課題として「役割演技」を実現する場合に、学生の状況に応じて「ロールプレイ」と「ロールレタリング」を組み合わせていく方策も構想されてよい。

第2節　教職志望者のロールレタリングの実践[2]

　教職志望とはいえ大学生は生徒の視点から学校の出来事を考える傾向にある。例えば、評価の高い教育実践をしている教師の報告や紹介を講義のなかですると「自分もこんな先生の授業を受けたかった」というようなコメントが少なからず返ってくる。つまり、「授業を受ける側」としての主体が意識されている。教師の立場として学校を見ようとするならば「自分も教師としてこんな実践をしたい」となるべきはずである。

　1つの理想のモデルの教師像を抱いて教職を志望する学生もある。その一方で、何らかの問題を抱えている（当該の学生にとって）教師がいて、その教師の問題点を克服することを教職志望理由とする学生もある。

　ロールレタリングの具体的な課題として、小学校・中学校・高校時代の教師で、①批判をしたい教師、②お礼を言いたい教師、それぞれに手紙を書き、さらにその手紙を受け取った教師がもし返事を書くとしたらどのような内容になるかを想像して返信の手紙を書くという作業をした。

　つまり、①②それぞれの教師について「自分から教師への手紙」と「その教師から自分への手紙」の両方を書く作業をしたのである。

　「批判をしたい教師」の方は、教師の側に立って手紙を書くという作業は学生にとって少々難しい課題になる。

　実際にその教師が問題教師である場合もあるだろうから、問題教師の立場に立ってみるという設定は、問題教師を弁護するような結果になる場合もあり得るので、その取り扱いについては慎重に行う必要がある。

　その一方で、生徒として見ていた頃には納得できなかった教師の行動が、教師の立場でとらえ直してみると理解できるようなった —— という事例もあるかもしれない。そのような事例を発見することができれば、教職への理解は一歩進んだと考えることもできる。

　以下、研究のためにロールレタリングの内容を公開することについては事前に学生に伝えている。また、下線部は引用者である筆者によるものである。

第 2 章　ロールレタリング（役割交換書簡法）　*89*

（1）　批判をしたい教員

　その言動について批判をしたい教師については、その教師から「不平等な扱い」を受けたことが主な理由であるという指摘や指導不十分という指摘が多い。

【不平等な扱い】

　Ⓐ　先生へ：友達が勝手にそうじ用具箱に一人で閉じこもって遊んでいて、それを近くで見て笑っている私を見つけた先生が、私が閉じ込めたと決めつけて「やってない」と言うと「お前のことは信じられへん」と言われ、ひどくショックをうけて、後で謝られたが、薄っぺらい人だと感じ、心の中でずっと許せなかった。そこから少し<u>人間不信になり、大人が嫌いになった</u>。

　　　返　信：<u>あの頃はいつもふざけていたり、授業中もよくしゃべっていて怒られたり</u>と、あまり良い印象がなかったので、つい自分がやったと思い怒ってしまった。その場でも笑っていたので自分ならやりかねないと思ってしまった。そのときはごめんなさい。でも、普段から悪い印象しかない生徒はどうしても悪いように見えてしまう。<u>だから今は、たとえ悪い生徒でも、良いところを探して、その生徒を信じて、心から思いやりをもつよう心がけている。</u>

　Ⓑ　先生へ：お久しぶりです。中学時代はお世話になりました。
　　　　　　　今教育者の立場での勉強をしているんですが、一つ思ったことがあるので手紙を書きました。先生はきっとわたしが嫌いだったと思います。わたしも嫌いだったけど、先生の態度がわたしだけおかしかったです。何もしていないのに怒られたりしていたことに、私は毎日反抗的な態度をとっていましたね。人間好き嫌いはあると思うけど仕事中ぐらいは抑えてほしいと思います。
　　　　　　　<u>でも、担任が変わって先生とかかわる機会が減ってから、廊下ですれ違ったときに「頑張ってるか？」と聞いてくれたときは驚いたけど嬉しかったです。</u>そこから話すようになって進路の相談も出来るようになってよかったと思います。お世話になりました。

　　　返　信：お手紙ありがとうございます。そうですね、私も嫌いというとおかしいですが、あなたを怖いと感じていました。私も大人気ないですが、そういったえこひいきであることをよくしてしまいます。直さないといけな

いと思っていますが、つい、態度が変わっています。担任であるときはそんな態度でしたが、本当はちゃんと話し合いたいと思っていたし、気になっていました。担任から外れても気になっていたので新しい担任の先生にどんな様子かと伺っていましたよ。生徒に直接そんなことを言われたのは初めてだったので少し戸惑っていますが、貴重な意見として受け取り、気をつけていきます。ありがとうございます。

Ⓒ　先生へ：私が宿題をやらなかったり、提出物を出さなかったりすると、他の子も忘れてきているのにどうして私だけに注意するのでしょうか。<u>私だけ厳しくされていたような気がします</u>。

　　返　信：あなたは<u>注意されなければ自分で気づくことができない</u>と思ったからです。大人になったらだれも注意してくれません。

「人間不信になり、大人が嫌いになった」というⒶへの返信では「いつもふざけていたり、授業中よくしゃべっていて怒られたり」と自己に対する客観的評価をし、「たとえ悪い生徒でも、良いところを探して、その生徒を信じて、心から思いやりをもつよう心がけている」という表現で、Ⓐ自身は自分が批判するような教師をのりこえようとしている姿勢が読み取れる。

Ⓑでは「わたしが嫌いだったと思います」という先生に対して批判の文章を綴りながら「先生とかかわる機会が減ってから」声をかけられて嬉しかったという経験も明らかにしている。

Ⓒでは「私だけ厳しく注意されていた」という不公平感を強くもっている自分のキャラクターが、教師の立場から見ると「注意されなければ自分で気づくことができない」タイプであることに理解をしている。

【放任・指導不十分】

Ⓓ　先生へ：中学のときの顧問の先生へ。お久しぶりです。私は今先生と同じ保健体育の教師を目指してがんばっています。なぜかというと先生のような、説得力がなく、あきらかに言っていることとやっていることが違う先生にはなりたくなく、<u>周りでいじめが起こり先生にSOSのサインが明らかに出ていたのに</u>、見てみぬふりをずっとしていましたよね。そういう口先だけの教師を私が直していく。昔から中学の教師はあんなんだけじゃないんだよというのを証明して見せます。

第2章　ロールレタリング（役割交換書簡法）　91

　　返　信：お手紙有難う。確かに口先だけで行動力のない今も思えば最低の教師でした。皆から憎まれていてもおかしくはないでしょう。いじめも見て見ぬふりをしていたことは今でも自分でやんでいます。しかし君も教師を目指すものとしてわかると思いますが、いじめはあくまで本当にその子がいじめていると思ってやっていたかなどがとても分かりにくく、へたに言ってしまうと大きな問題になりかねない。そこの微妙なさじかげんがとても難しいのです。しかし、生徒からは見て見ぬふりをしてしまっているように思えたのでしょう。私は、これからの学校・いじめ問題がとてもこういう所で問題になってくると思います。君がそういうのをくつがえす教師になってくれることを信じます。

　Ⓔ　先生へ：先生はとても優しくて、いつもにこにこしていましたね。ふわふわしている先生、というのが私の先生に対する印象で、普段の生活においてはとても良かったのですが、進路相談など大切な人生に関わることに関しては少し頼りなかったです。もっとアドバイスや指示をして、悩んでいる私をリードしてほしかったというのが、私の本音です。

　　返　信：私は教室は明るい場であるべきだと思っています。高校3年ともなれば、もう大人目前です。ですから、本人の意志に任せようと自立の方向へ誘導していたつもりだったのですが、あなたのように思う方もいるという事実は受け止めなければなりませんね。全てが全てアドバイスを与える訳にはいきませんが、もう少し指導方法を検討します。

　「見て見ぬふり」を批判するⒹへの返信では「微妙なさじかげん」という表現で、教師の側から見ていじめという問題に向き合う場合の困難さに言及しているが「君がそういうのをくつがえす教師になってくれることを信じます」と前向きな姿勢を示している。
　Ⓔの「アドバイスや指示をして、悩んでいる私をリードしてほしかった」という思いが教師の立場に立ってみることにより、本人の自主性や主体性を尊重して「本人の意志に任せようと自立の方向へ誘導」していた結果だったのだというように積極的な価値に転換されている。同じように指導していてもある生徒は「放任」とうけとり、別の生徒は「主体性の尊重」ととらえるところに教員の指導の難しさがある。

【過度の指導】

- Ⓕ 　先生へ：先生はとても情熱的で、しっかりしていていい先生だと思います。でも、怒ったときなど生徒をなぐったりするのはやっぱりだめだと思いました。暴力をふるうことで、とても自分中心的な態度になったり、生徒をしめつけていたと思います。いろんな行事にも取り組んでちゃんとしている先生だと思うので、その悪い面を改善したら完璧だと思いました。
- 　　返　信：しっかり意見を言ってくれてありがとう。あのときは<u>本当に悪かった</u>と思っています。謝りきれないほどに。自分の感情を抑えきれずに生徒に当たるというのは最低な奴だと反省しました。良い意味でそういうことがあったから現在は感情をコントロールできていると感じます。あのときは本当に申し訳なかった。あのころを糧にこれからしっかりやっていきたいと思う。

体罰はどのような場合にも許されることではない。Ⓕの返信のなかで「本当に悪かった」「最低な奴」との表現があるのは救いではあるが、体罰に至らなくても「過度の指導」が批判の対象となることはしばしばある。

【コミュニケーション不足型】

- Ⓖ 　先生へ：先生は人を見る目がとてもあると思ってます。しかし伝え方がとても分かり辛く、人からは「変わった人」ととらえられていましたね。言葉であまり伝えることがなく、文字で書いて、自分たちでそれを見て伝えたいことを読み取れ、など教えられることが多く、正直難しかったです。しかし、行事の後には何も言わず全員にジュースを買ってくれていたり、<u>卒業式の後全員に手紙をくれたり</u>と、本当はとてもマメで、先生の気持ちを読み取るのは難しいけど、伝わったときのうれしさは大きかったです。
- 　　返　信：お久しぶりです。元気にしていましたか？放課後もクラブ活動の前などよくお話に来てくれましたね。おっしゃるとおり、私は言葉で伝えるのは上手ではなく、嫌われる生徒にはとことん嫌われます。しかし、こんな私にも皆さんは「先生ありがとう」と花束をくれました。とてもうれしかったです。私のクラスでは、指示が少ないため、皆さんが自分たちで考えて団結していくのを見るのが私の幸せな時でした。大学でも色々とがんばって下さいね。

Ⓗ　先生へ：先生は私とあまり関わりがなかったので覚えていないかもしれませんが、私は先生のことがあまり好きではなかったです。先生は、いつも厳しくあまり何を考えているのかよく分からないですが、もう少し生徒から愛される教師になった方がいいと思います。こわい先生は学校に一人ぐらい必要と思いますが、けじめをつければいい話で、やさしさも上手に表現することが大切だと思います。

返　信：あなたがそんなふうに感じていたとは知りませんでした。すみません。あなたたちのことを大切に思っているからこそよく怒っていたのですよ。でも私もあまり上手くほめたりすることが苦手でいい先生になるには、まだまだいたらないところもあると自分で反省しています。あなたの手紙で生徒がどう感じているのかが知ることができて良かったです。ありがとう。このことを心にきざみ、よりよい先生になれるよう、これからも頑張っていきたいと思います。あなたも頑張って下さい。

　Ⓖで例となっている教員は、話し言葉よりも書き言葉によって表現することが多かったのかもしれない。生徒全員に手紙を書くような熱心さももち合わせてはいるが、Ⓗの例と同様に生徒の側から見ると少々わかり辛い先生にうつっていたのだろう。

(2) お礼を言いたい教員

　ここでは先と反対に、教員に感謝の気持ちを伝える手紙を紹介する。

Ⓘ　先生へ：先生は3年間学年主任として私を含め多くの生徒があなたに憧れ尊敬しました。そんな中私はときには学校に行かず他の生徒を傷つけたりしてしまいました。そんな私に対してもあきらめず深い愛情で私を支えてくれて、今、本当に感謝しています。先生の前では素直になって迷惑をかけてしまったことをいつも反省していました。そんな先生がいたからこそ今の自分があります。ありがとうございました。

返　信：わんぱく坊主のあなたはこの3年間いろんな意味で私に体力をつけてくれました。でもそんな私の成長よりはるかに大きくあなたは成長したと思います。これからいろんな困難をむかえても持ち前の元気と体力であなたなら乗り切れると信じています。きっとあなたなら立派な「教師」になれるでしょう。夢に向かってがんばってください。

Ⓙ　先生へ：私たちが中3のときに最後の大会で初めて公式戦で勝てたときに先生は

　　　　　私たちと一緒に泣いてくれたのを覚えています。あのときの１勝は先生の熱い指導があったから勝てたと思っています。そのときの中央大会では、雨で一時中止になってルール上私達の負けになるのを先生は審判の方々に試合をさせてもらえるよう頭を下げてくれたことを今でも覚えているし感謝の気持ちでいっぱいです。私も生徒をそこまで想えるような教師になろうとしています。あのときはありがとうございました。
　　返　信：あのときの部員はいろいろなことがあって大変やったけどまず公式戦一勝が目標であったからどうしても勝たしてあげたかったし中央に先生も行きたかった。あの時は最後までお前らの野球をさせてあげたくて必死やったし、先生も一緒に戦っているつもりやったからあきらめたくなかった。残念な結果になったけれども、中学のときの努力からの自信でやりきるというのを教えてきたつもりやから頑張って下さい。

Ⓚ　　先生へ：部活のときも中学３年のときもお世話になりました。先生は貫禄がありたまにこわいと思うときもありましたが、いつも私たちのことを考えて下さって皆にとってとてもいい先生でした。私が高校の進路で悩んでいたときに先生は「お前にやったらこっちの学校の方が合うんじゃないかと選んでくれた所に行き、今はとても良かったと思います。自分に合っていて良い学校でした。そのおかげで私は今看護師と養護教諭の免許を取ろうと思い大学で頑張っています。また、先生に会いに行きますね。また養護教諭になったときは先生のような先生になりたいです。
　　返　信：あなたにあった学校で良かったです。私は自分が推薦した学校にあなたが行くと言ってくれてその後どうだったのか心配していました。またその学校の良さが聞けてよかったと思います。あなたは部活のときもまじめで常にコツコツとする生徒だったので看護師になってからも頑張れるよ。あなたらしくこれからも頑張って下さいね。

Ⓛ　　先生へ：高校のときは厳しいなと思っていたけれど、高校を出てから時間が経って先生が何度も言っていたあいさつの大切さに気づくことができました。人と人とのコミュニケーションはここから始まるのだということに気づくことができました。あいさつを大きな声でしないだけでよく怒っていましたよね。だけど今ではそれだけ大切で必要なことだということを学びました。有難うございました。
　　返　信：後からでも気づいてくれてよかった。そのときにどれだけ嫌われようがいつかわかってくれると信じて口うるさく言っていたんだ。本当に大切なことはその場ではわかりにくくて、けれどしっかりと向き合えばいつ

か必ず見えてくるものなんだ。だから、これから辛いことがたくさんあると思うけれど、ひとつひとつにしっかりと向き合っていこう。

　「学校に行かず他の生徒を傷つけたりしてしまいました」という①の場合に、あきらめずに支え続け叱咤激励した教員に感謝をしている気持ちがよく伝わってくる。部活動の①の場合に「一緒に泣いてくれた」「熱い指導」という体験は、特に鮮明になるのかもしれない。また、当初は「貫禄がありたまにこわい」「厳しいな」という印象をもたれていたⓀやⓁのような教員が「お礼」の対象となる教員に変わっていくのも興味深い。Ⓛの「本当に大切なことはその場ではわかりにくくて、けれどしっかりと向き合えばいつか必ず見えてくる」という指摘は教員と生徒との関わりについて重要なことを指摘している。

　集団に対してある程度平等で画一的な対応をせざるを得ない学級担任と、一方で、何らかの課題をもつ特定の児童・生徒に対して支援をしていく養護教諭のように、異なる立場にある同僚間の連携・協力を実現することにも仮想的なロールレタリングを試みることができる。
　岡本泰弘は「ロールレタリングのあとに、生徒が劇の脚本づくり、指人形劇・ロールプレイングを行うこと」により、ロールレタリングとロールプレイングを有機的に組み合わせていく実践を報告している[3]が、このような方策が教職課程の授業で今後ますます重要な意味をもつと考えられる。

演習11

問 女子生徒AとBはいつも仲良しで行動をともにしていた。職員室に行くときも2人一緒。昼ごはんも一緒。下校時も一緒であった。11月の校内ダンス大会に向けてAとBを含むCDは4人グループでダンスの練習をしていたが、ダンス大会の2週間ほど前からAが欠席しがちになり、ダンス大会当日も欠席してしまい、その後登校しなくなった。保護者からは「友人関係で何らかのトラブルがあって登校できない」との情報があったが、詳しいことはわからない。Bを呼び出して事情を聞いても何も語らなかった。家庭訪問をしようと思うが、保護者からはAが誰とも会いたがらないのでしばらくそっとして欲しいとのことであった。そこで、欠席中に配られた授業関係のプリント等を郵送するなかに、Aへの手紙を同封することにした。どのような手紙を書くか。

・
・
・
・
・
・
・
・

演習12

問 Xはおとなしい男子生徒であったが女子生徒Yとは「幼なじみ」でよく一緒にいる機会が多かった。成績面ではYの方が良好で、Xの成績は低迷していた。ある試験でXは極めて悪い点数を取り、授業態度も悪かったため、その教科担当の教員から「今度の試験ではYにもっと勉強教えてもらって赤点取るなよ！」と大声で言われ、それ以降XとYの関係を周囲の友人からしばしばからかわれるようになった。そのため、Xは次第に学校での居心地が悪くなり、すこしずつ遅刻も増えていった。学級担任には事情を伝えようと思ったが、あまり他人に知られたくなかったのでXは学級担任にメールしようと考えた。どのようなメールになるだろうか。

・
・
・
・
・
・
・
・

注
1) 杉田峰康監修『ロール・レタリング入門』新装版　創元社　2001年　p.240
2) この節で紹介されている実践は梨木昭平「教職志望者へのロールレタリングの試み」『ロールレタリング研究　第11号』（日本ロールレタリング学会　2011年）も参照
3) 岡本泰弘「ロールレタリングを中心とした役割交換法で他者とのかかわりを深める」『実践"ロールレタリング"』北大路書房　2007年　p.80

第3部

教育実習指導

第1章 「介護等体験」指導

　教育職員免許法施行規則で教育実習は、幼稚園や義務教育の普通免許状の場合は5単位、高等学校の場合は3単位と定められている。この単位数には教育実習事前指導と事後指導の1単位が含まれている。教職科目「教育実習」とは異なり単位数には普通換算されないが、義務教育の教員免許には「介護等体験」が義務づけられている。

　介護等体験の根拠となっている法律は、1997年の「小学校及び中学校の教諭の普通免許状授与に係る教育職員免許法の特例法に関する法律」である。

> （趣旨）
> 第一条　この法律は、義務教育に従事する教員が個人の尊厳及び社会連帯の理念に関する認識を深めることの重要性にかんがみ、教員としての資質の向上を図り、義務教育の一層の充実を期する観点から、小学校又は中学校の教諭の普通免許状の授与を受けようとする者に、障害者、高齢者等に対する介護、介助、これらの者との交流等の体験を行わせる措置を講ずるため、小学校及び中学校の教諭の普通免許状の授与について教育職員免許法（昭和二十四年法律第百四十七号）の特例等を定めるものとする。

　上記のようにこの法律の文面では「個人の尊厳」「社会連帯の理念に関する認識」が、介護等体験の理由とされている。そのために「障害者、高齢者に対する介護、介助、これらの者との交流等の体験」が義務づけられているのである。

　社会福祉体験は社会福祉協議会がその窓口となる場合が多いが、全国社会福祉協議会の方では介護等体験の目的は「介護等が行われている現場（社会福祉

施設）での体験を通じ、ふだん接することの少ない様々な人の生き方・生活のありように気づくとともに、人との関わり、人を援助する上で大切にすべき姿勢や視点を体験的に学習する。このことによって義務教育を担うものに求められる幅広い社会観・人生観が持てるよう視野を広げ、人間的に成長できるきっかけを得ることを目的とする」と記述されており、援助職としての視点や体験者の人間的な成長」に重点が置かれている。

5日程度の社会福祉体験と2日程度の支援学校体験では体験の深さに限界はあるが、いずれにせよ「体験日誌」を書くことで修了とするのではなく、この体験については「教職実践演習」等の教職課程のまとめの場でもその意義を考察することが重要である。

演習13

問　介護等体験が将来の教育実践にどのような影響を与えるか意見をまとめよう。

〈手がかり〉

受講者のイメージする「授業」とは、基本的には全員に同一の課題が与えられ、「試験」という場面では同じ条件のもとでの理解度が確認されるものだろう。一方で、支援学校では一人ひとりに合わせたり、その人の個性や特長を伸ばすことが大事にされる。少人数教育だから実現できる支援学校の特色ともいえるが、本来の理想の学校像を考えれば画一的な教育には問題意識を持つべきだし、個性がもっと重視されてよいともいえる。支援・介護を要する方々と接触することによって、「一般」とされる学校を相対化することができれば価値

観の転換ともいえる。もし受講者に、今までの学校において介護・支援を要する方々との接点がなかったのであれば、そのような学校教育のありかたに問題意識を感じてもよい。

参考視聴覚教材 ── 映画『学校Ⅱ』山田洋次（1996）

　不本意に支援学校（映画発表当時は養護学校）に赴任させられ転勤を希望している「コバ先生」が、以下のように発言するシーンがある。教職を目指す学生の討議材料としては有効であると考える。

　　　── 僕はあいつを追いかけ回すために教師になったんじゃないんですよ。保育園じゃあるまいし（中略）この２ヶ月祐矢一人に僕がつきっきりなんですよ。そんなの学校のあり方として不公平だと思いませんか。
　　　── 時々むなしい気分になるんですよ。祐矢と積木遊びなんかしてると、一体俺はなにやってるんだろう。俺にはもっと他にやるべき仕事があるんじゃないだろうかって。

〈手がかり〉

　多少極端な例でもあり、タテマエとして「コバ先生はもともと教員としての適性がなかったのだ」とコメントすることは簡単である。しかし、教職志望者が実際に就職するときに自分自身が希望している学校に赴任できることは極めて稀なのである。程度の差はあれ不本意な学校に勤務し、想定していなかった子どもとぶつかり困難な現実に直面することが多いのである。実際に仕事の場面で出会う子どもたちの言動やふるまいが学生にとっての「常識」の領域外に位置することもすくなくない。

第2章

教育実習指導

　教育実習では大きく分けると教科指導と学級指導との2つの領域がある。教科指導担当の教員が学級担任をしていない場合には、学級指導担当教員と複数の教員が実習生の担当をすることもある。実習生が担当する教科の授業の練習や模擬授業については教職科目「教科教育法」においてある程度なされているはずであるので、「教育実習指導」としては、教科外の領域を重点的に授業する方がバランスとしてはよい。

　また、教科教育法についてのテキストを考察したところ、教科教育法の歴史や授業論・学習指導案・授業計画等についての記述に比すれば、授業観察についての記述は少ないものが多い。実際の教育実習において授業観察は大きな要素を占めるので、ここでは授業観察の場合のポイントについても補足した。

第1節　学級での実習

　授業での自己紹介は簡潔にする必要がある。あまり長々と自分の話ばかりをしていると生徒から顰蹙（ひんしゅく）を買うかもしれない。あくまでも実習校にとって正式な授業時間内なのである。

　しかし、担当する学級では学級指導や特別活動の指導にも関わることになる。担当する学級の子どもとの関係を円滑に進めれば、子どもたちの自発的活動を促せるかもしれない。担当学級の子どもたちとの最初の出会いとしての「自己紹介」には大きな意味がある。

演習14

問　学級で自己紹介をしてみよう。
・
・
・
・
・
・

〈手がかり〉

① 自分の名前の由来
② 自分自身が母校にいた時代に熱中していたこと
③ 自分自身が現在取り組んでいること

等を結びつけながら子どもたちの関心を引きつけたい。

「学級活動を通して、望ましい人間関係を形成し、集団の一員として学級や学校におけるよりよい生活づくりに参画し、諸問題を解決しようとする自主的、実践的態度を育てる（学習指導要領・小学校）」と位置づけられている学級活動の最初のスタートを円滑にするための自己紹介を工夫したいものである。

　　特別活動として位置づけられる「学校行事」には学習指導要領の記載上―①儀礼的行事　②文化的行事　③健康安全・体育的行事　④遠足・集団宿泊の行事　⑤勤労生産・奉仕的行事　がある。

上記のなかで、教育実習の時期には例えば②文化的行事として「演劇コンクール」「合唱コンクール」。③健康安全・体育的行事として「運動会」や「体育祭」「球技大会」等が実施される場合がある。奉仕的活動のひとつとして清掃活動をとらえた場合、担当学級の子どもたちの清掃指導も人間関係づくりとしては重要な場である。

これらの学校行事の運営や手伝いに実習生として協力することは普通によくあるケースである。「学校行事を通して、望ましい人間関係を形成し、集団への所属感や連帯感を深め、公共の精神を養い、協力してよりよい学校生活を築こうとする自主的、実践的な態度を育てる（学習指導要領・小学校）」という学校行事の目標を意識しながら、教育実習中に特別活動の指導に取り組んでもらいたい。学習面ではあまり目立たない子どもが、学校行事では積極的に活動しているかもしれない。授業では体験できないような感動や驚きが特別活動には存在する。

演習15

　問　学校行事の準備をするという学級活動の模擬授業をしてみよう。
　・
　・
　・
　・
　・
　・

〈手がかり〉

　教職科目「特別活動指導法」でも模擬授業をすることはある。しかし、特別活動は授業以外のさまざまな領域を含み、学校行事だけでも5種類あるうえに、学級活動・生徒（児童）会指導等多様である。「教育実習期間の特別活動」に絞って模擬授業をすることはあまりないのではないか。ここでは、実習校の実際の学校行事を想定して、もしもその行事の準備をまかせられたら、という仮定で模擬授業をしてみる。先輩としての実体験を語りながら体育祭（運動会）のエントリーや文化的行事の取り組みを進めることは、子どもたちにとっても有意義である。

第2節　校務分掌での実習

　教育実習では基本的に授業の実習と学級指導の実習とが中心になる。校務分掌の担当者を決めて実習生を指導するような例は少ないが、管理職その他の先生の働きかけで部分的に分掌に関与することはあり得る。

生徒指導としての「校門指導」や「部活動指導」

　多くの学校では校門に何人かの教員が待機し、登校してくる子どもに挨拶等の声かけをしている。生活指導課として遅刻指導も兼ねていたり、管理職が参加したりすることもある。朝から子どもたちの様子を観察することもできるこのような風景は「校門指導」とも呼ばれるが、この中に実習生も参加することがある。職員朝礼や朝のショートホームルームの時間に校門指導が重なると毎日参加することは難しいが、部分的にでも参加できれば貴重な経験にはなる。

　登校してくる生徒に「おはようございます」と自然に笑顔で言うと、それまでこちらを見ていなかった生徒も、とまどいながらはずかしそうに「おはようございます」と言ってくれたりする。充実感を得て一日が始まることになれば活力にもつながる。授業以外の場での子どもたちの様子を観察することによって意外な側面に気づくこともあるし、子どもどうしの人間関係がわかったりもする。

　在学中に所属していた部活動顧問が母校で健在の場合は、放課後の部活動指導参加を要請されるかもしれない。部活動は特別活動ともいえるし、生徒指導としての側面も持つ。授業ではまったく関わりのないような後輩の部活動指導に関わることは、教育実習中の活動のなかでも新鮮で魅力的なものになる可能性が高い。授業やその準備を最優先にしながらも、機会があればさまざまな生徒指導に関与したいものである。

　中学校や高等学校の場合は、進路指導課から人生の先輩として後輩に伝えたいことを新聞の記事に書くことや直接在校生向けに講話をすることを依頼さ

れたりすることがある。進路に関するさまざまな情報を提供したり、相談に応じたりすることが進路指導課の重要な任務であるし、進路決定に悩む中学生や高校生にとって直接の先輩の体験談は実際に意義深いものである。このような場面を想定してあらかじめ準備をしておくことは重要である。

> **演習16**
>
> 問　後輩の在校生に対して、先輩として講話をして欲しいと依頼があればどのような話をするか。
> ・
> ・
> ・
> ・
> ・
> ・
> ・

〈手がかり〉

　母校を卒業してから現在に至るまでの経緯を説明するだけでも在校生にとっては興味深い。ただ、限られた時間のなかで話をするのであるから、そのポイントは明確にしたい。特に「在校生にとってどのような意味を持つのか」という点は強調する必要がある。成功した事例であるのならば、在校生の時期に自分のどのような行動が成功をもたらしたのかを具体的に提示したい。「自分も在校中はいろいろと悩んでいた」という中身を語るならば、同時に「今悩んでいることは後から振り返ればきっと意味があるはず」というメッセージを付け加えることによって後輩を前向きな気持ちにさせたい。自慢話になるのではなく、後輩の立場から自分の話がどのようにとらえられるのか、という点に留意して、印象に残る講話の構想をして欲しい。

　なお、養護教諭の場合は保健指導等を通じて、分掌としての保健課に関わる機会が多い。

第3節　観察する場としての教育実習

　教育実習は自分自身の教育実践を鍛えるスタートとなる場であるが、同時に他人の授業を観察できる貴重な機会である。子どもの視点から授業中の教員の動きを確認できるような場は多くはない。ある程度ポイントを絞りながら授業観察をしたい。
　「説明をすること」と「授業をすること」とは違う。ただの「説明」ならば原稿を単調に読み上げるだけでも可能かもしれない。しかし「授業」であるのだから、子どもたちの反応や表情を確認したり、大事なところで間をあけたり音声を大きくするなど、その場に応じた工夫や変化が必要となる。

演習17

問　授業観察の場合にはどのような点に注目しようと考えているか。
・
・
・
・
・
・

〈手がかり〉

　子どもの表情の把握もひとつのポイントになる。発表したくないとき子どもが下を向いていたり、授業に集中できず、椅子をがたがたさせるなど落ち着かない様子を確認できるかもしれない。
　黒板の書き方もポイントになる。黒板に書くペース、書く作業とその説明のタイミング、教員の立つ位置等、子どもから見てどのようにうつっているのか他人の授業であるからこそ見えやすい面はある。教科によって教え方に違いが存在することも、あらためて自分の担当教科の特性を認識する契機となる。

聞く側の集中力を継続させるためにどのような工夫を他の教員はしているのか、そのテクニックを上手に自分のものにしたい。さまざまな観点を設けて意識的に観察すると得るものは多い。

できるだけたくさんの先生の授業を見たい。もちろん自分の資質に合った授業をするのが一番よいが、子どもの前で効果的な「演技」をするという要素も授業にはあるのだから、取り込めるものがあれば取り込んで、新しい自分の授業スタイルの開発もしてみたい。とにかく教えたいタイプ、子どもから引き出したいタイプ、どんどん前に出たいタイプ等々、自分の資質を模索してみたい。

外から全体を客観的に見ることによって、授業をやっている時には気づかないことが見えてくる。自分が生徒だったらどこをどうしてほしいのか等の視点に立って見ることで、次の授業アイディアを得られるのである。

演習18

問　実習担当教員と大学の教職担当教員とで指導案の書き方に違いがあった。どのように対応するか。
・
・
・
・
・
・

〈手がかり〉

学習指導案の場合、例えば「題材設定の理由」をどの程度まで詳しく書くか、発問例の数等細部の点では指導者によって微妙な違いが生じる。子どもたちの実態（学習者観）について記述する場合も大学では具体的な素材が少ない。指導案のある項目で書き方が多少異なるケースはあり得る。そのような場合に、「大学では別の指導だったのに……」という趣旨のことを実習校の先生

に露骨に表明することは基本的に良くない。実習期間中は実習担当教員の方針を尊重する方がよい。実習生自身の考え方と異なる指導があったとしても担当教員に従うべきである。知識の面で明らかな間違いがあればやむを得ないが、教育観や指導方針の点では余計な自己主張は避けるべきである。

実習担当教員は自分の本来の担当の子どもの指導をしながら、実習生指導のために時間も労力も費やしているのである。実習生のためだけに職場にいるわけではない。実習担当教員とは異なる自分の意見・指導方針を表明するならば、せめて実習期間終了後に機会をあらためる方がよい。

以下、教育実習報告会で実習生自身が後輩に伝えたメッセージのいくつかを紹介しよう。

　　「健康第一」——実習中は忙しく、帰りも遅くなったりして睡眠時間が不足します。実習が始まる前から、できることはやっておいた方がよい。プレッシャーをかけ過ぎて頑張り過ぎない。「気合を入れてやれば身体はついてくる」と自分の身体を過信すると無理をしてしまいがちになる。授業観察中に居眠りするような事態は最悪である。

　　「学級経営」——担任の先生によって細かなところでさまざまな手法がある。教室の掲示物を見るだけでも違いがわかる。雰囲気や規律などクラスで微妙に異なる。いろいろな学年・クラスのHRも見学して学級経営のやり方などを学ぶように。

　　「学校行事」——臨時の学校行事のために短縮授業になることもある。すべて板書ではなくプリントにして配ったり、プリントも穴埋めにする等の工夫で時間調整をする必要のある場合もある。

　　「生徒」——授業中、放課後、部活動中などそれぞれ違った顔をしている。それぞれに個性があり、いろいろなことを考えている。生徒の意欲的な意見を授業へとりいれるように気を配る。どの場面で心を開いてくれるか生徒によってさまざまある。どんな状況の生徒でも見られるように、空き時間も生徒が観察できるように行動し、目を配るように。生徒の反応を見ていれば、自分が理解されているかどうかがよくわかる。生徒の立場・教師の立場双方の面から考えた教材研究、指導案作りが大切である。教師が楽しそうに授業をすると生徒も楽しくなる。発声も大切。教師の声が生徒に伝わらないと授業が成り立たない。生徒の顔を見て授業をするのはけっこうむずかし

い。教師の考えを生徒に押しつけてしまわないように、人として誠実に対応する。

　「エアコン」――温度調整にも気を遣う。子どもの座席によっても温度の感じ方が違うし、男女の差異もある。

　「社会人」――教師としての自覚を持って行動すること。時間には正確に。

　「学校用語と漢字」
　学校でよく使用される用語については、漢字で（書き順も含め）正確に書けるようにしておきたい。黒板に文字を書くときに、書き順の間違いを指摘されることもある。
　「こうむぶんしょう」程度の用語は、漢字で書き、それぞれの「ぶんしょう」の名前と仕事内容くらいはすぐに説明できるようにしておくように！

以上の指摘について筆者からも強く要望しておきたい。

　養護（教育）実習については3つのパターンがある。
① 　保健室のみの実習
② 　保健室以外に学級指導にも関わるが、見学が中心の実習
③ 　保健室以外に学級指導にも関わり自分自身も授業をする実習
　実習校の方針や校種によって実習内容が大きく異なる。現実の養護教諭の職務として学級指導に関わることはあまりないが、実習中の体験として学級運営に養護実習生が関わることはすくなくない。保健指導との関係から実習生の側もより効果的で実践的な実習が実現できるように働きかけてもらいたい。

演習解説

演習 1

　「大学の教員になるために、教員免許はいらない。もう一つの仕事である研究の方のプロであることは求められるが、教え方に関しては、なんの訓練も受けないまま、ド素人として教壇に立つことになるわけである。良く言えば自由に個性を発揮して教えることができるのだが、悪く言えば自分勝手にどのように教えるのも自由ということになる。そのためか教え方に関して非常に個性的な先生も生まれる。中には、破天荒な伝説をもつ教師も生まれたりする。私自身も大学生だったとき、こんなんでいいのかという常識を破る講義を受けたことを覚えている」[1] として紹介されている例である。

　いずれも極端な例であるのかもしれない。少なくとも生徒に何かを教えようとする「教育的愛情」は感じられないと評価する者も多いだろう。一方で、この事例は教育を評価することの難しさを鮮やかに浮き彫りにしているともいえる。1人目の教授は「理論を三十年以上もかけて築いてきた」という強烈な権威をもつ研究者であり、2人目の教授も、「交響曲の演奏」を聞くような講義をするすばらしい方なのである。いずれも、その教授の講義の場にいるだけでも貴重な経験になるのであり、教える側と教えられる側にその貴重さについての共通理解があるのならば、少々の無茶があっても許される場合もある。もしこの教員が「学問ということの厳しさ」を伝えようとして意識的にこのようなふるまいをしていて、結果として生徒たちの方にも主体的に学問していこうとする姿勢が育成されているのならば、「学問の厳しさを伝えようとする使命感・責任感」はもち合わせている教員なのかもしれない。「使命感」「責任感」の中身について議論する場合の材料になり得る事例である。

演習2

　教員自身は「反論の手紙が届くことは少し予想していたが、正直ここまで明確に否定されているとは考えてもいなかった。学校のなかで同僚の教師と話しているとき、そこまでの意見を言う教師は一人もいなかった。子どもの気持ちを大事にするという点は共通であったし、結末に対する思いの相違は若干あったのが、食べるということに真っ向から反論する意見に出会ったことはなかった」[2]と記している。学生の中でも大きく意見の分かれる可能性もある。この教員は「6年生の拡大・縮小の学習では、フラクタルの理論の初歩に関わる内容を扱い、子どもたちがコンピューターでプログラム作成をして画面に樹木を表現するまで」や「小数のわり算では無限小数や循環小数の仕組み」[3]を扱うほど教科指導の面でも熱心であり、豚を飼うためにJAに相談したり、自ら農場へ行ったり、豚小屋を作るくらいの情熱をもち合わせている。充分すぎるほどの教育的愛情を持ち合わせているともいえるが、その使命感については一部では誤解を受けている。学校という場ではすばらしい取り組みであるのに、学校外から見ると評価が異なることもあり得るのだという例として理解することができる。また、この実践は「命に向き合う」という使命感と同時に「子どもたちの主体性・意志を尊重して取り組みをすすめる」という使命感も重なりながら進められており、「教師のリーダーシップ」を絶対のものと考えている立場の者から見ても誤解をされやすい側面をもっていることを心にとどめておく必要がある。最後に、このような実践が実現した背景には「ミスなくそつなく的確に『仕事』をこなす新任教員に対する違和感を持っていたベテラン教師たちの後押し」[4]があったことも指摘しておきたい。この教員にとってベテラン教師を含む「同僚との交流」が円滑だったことが推測されるし、この「後押し」がなければ大胆で意欲的な取組みは縮小・中止の方向へと進んだ可能性もある。同僚との人間関係の重要さがあらためて示されている。

解説3

　社団法人「国際経済労働研究所」の分析では、働きがいは「教育という仕事の将来に夢をもっているかどうか」「ゆううつな気分であるかどうか」の質問項目と相関関係が強かった。年齢が上がるほど、将来に夢のもてない人や、ゆううつな気分を感じる人の割合が増える傾向が見られたという。

　「教員は年齢が上がるほどストレスを感じ、熱意だけではカバーしきれず燃

え尽きるリスクが高まっている。特に中学校は生徒が思春期を迎え、関係を結びにくくなっている。部活動の顧問などで忙しい事情もある」と研究所の高原龍二研究員は分析し「一人で抱え込まず、それぞれの得意技を生かしチームで指導する態勢が重要だ。特に年配の男性教員には管理職や同僚が配慮し、話しやすい職場づくりを心がける必要がある」と述べている。

　教員の仕事の内容には年齢による大きな差異が少ない。授業・学級経営（保健室経営）、校務分掌、部活動といった基本的な枠組みは、新任教員から定年前教員まで大きな変化はない。教員組織のなかではベテラン・中堅の領域にあるが、子どもたちとの年齢差は拡大していき、子どもの世界の変化に追いついていけないという状況もある。大学生に対して中年教員の心情を理解せよといっても大変難しい課題ではあるが、若い教員に対してある種の羨望をもっていながら、そのことを素直に感情表現できずに悶々としている中年教員もいるのだということは理解しておいてもよい。

解説4

　密室で、ときには多くの子どもに対して単独で対応しなければならない状況のなかで発生した事例といえる。Aが机の上に貴重品を放置してあったことは不注意ではあるだろうが、あくまでも被害者として扱わなければならない。もし盗難があったとすれば、生徒集団Cの中に目撃者も存在することが考えられる。時間をかけて、生徒が自主的に届け出る雰囲気が形成されれば理想的な決着である。学級担任がうまく関わることができればよいが、生活指導課が関わることによって当該生徒が身構えてしまう可能性もあるだろう。

　悩ましいケースであるが、次のような取組みの結果、類似のケースで円滑に解決した次のような事例もあることを報告しておきたい。「このような事態があると今後保健室への出入りを禁止するようなことにもなる」ということをほのめかしながら、翌日養護教諭が生徒集団Cに対して再度貴重品のことを確認したところ、後になってCのうちの1人が遺失物として該当貴重品を保健室に届けてきた。曖昧さが残る決着ともいえるが、生活指導課が関わると懲戒指導の対象となるために、このような展開にはならなかったかもしれない。

演習5

　他の子どもと比べて明らかに不平等となるし、他の子どもが見ている現場で自分の子どもだけを露骨に大事にしようという姿勢はよくない。ただ、その場で保護者に注意をすれば保護者の側も冷静な対応ができない可能性が高い。自分の行為が、他の子どもや保護者から見ればどのようにうつるのかをタイミングを見て丁寧に説明するのがよいだろう。

演習6

　被害を訴えている女子生徒Bにも対応しなくてはならないし、一方でAに対するある程度の配慮も必要である。Bの訴えの強さをまず受けとめる必要がある。学校外でもストーカー的な行為があり、写真撮影をしようとした――という程度の行為があるとすれば、Aの保護者も同席のもとで強い注意・指導をする必要もある。明らかに他人に迷惑を与えていて、世の中全般でも犯罪に近いとされている行為については、発達障がいに配慮をしながらもタイミングを見てしっかり注意・指導をすることも必要となる。

演習7

　教員Aが熱心に指導をしている人物であるということは間違いない。また部活動という任意参加の集団であるので、指導の厳しさに対して退部する生徒が出現してもやむを得ない面もある。ただ、前の部顧問の指導とのあいだの継続性という点では課題があるかもしれない。この教員のやりかたが、他の教員からはどのように評価されているのかは確認したい。協調性という点での評価は重要だろう。

演習8

　教員Bの場合は全員参加が義務づけられている学級での取組みなので、演習7の教員Aの場合とは少々事態が異なる。結果的にクラス平均が上昇したとはいえ、成績下位層の存在が大変気がかりである。また、教科のなかでのチームワークや協調性についても考察する必要がある。1人だけ突出した指導方針があるとするならば、そのことが他の教員にどのようにうつっているのかは気になるところであり、確認をしたい。

> **演習 9**
>
> 　上記の会話において「そうなんか。がんばらなあかんなぁ」という奮起を促す対応と、「あんまりそんなふうに思わないで」というように兄弟の比較そのものに問題提起するような対応と 2 通りの対応が考えられる。第 3 章の「兄弟間の比較」を参照していただきたいが、無難なのは後者であるだろう。

> **演習 10**
>
> 担任（H）⇔養護教諭（Y）　例えばインストラクター 1
> H　スキーのインストラクターの件なのですが。
> Y　先生から A に注意が入るのは、対応としてやや急ではありませんか。
> H　そうですね。学年に相談してみたら、対応ははやい方がよいのではないかという声が多かったもので…。
> Y　保護者の了解のもとでのことらしいですし。
> H　ただ、インストラクターの方と学校との関係もありますし、あくまで学校行事を通じてのものですから。あまり夜遅くに会うようなことは、高校生の年代としては好ましくないと思うのですが。
> Y　集団同士で会っているらしいです。A を弁護するつもりではなく、A がたまたま保健室で話をしたときに居合わせた B からこの話が流れてしまったので、A がどのように感じているのかが少々心配になっているだけなんですが。
>
> 担任（H）⇔保護者（P）　例えばインストラクター 2
> H　担任です。わざわざすみません。よろしくお願いします。
> P　お世話になっております。
> H　スキーのインストラクターの件なのですが。
> P　仲間の生徒は先生を信頼してお話したのに、いきなり教頭先生から注意が入るのは、対応としてきつすぎるのではありませんか。
> H　そうですね。同僚に相談してみたら、管理職にも相談しておくほうがよいのではないかという声が多かったもので…
> P　娘は相手の家庭状況も理解したうえで、たまたま出張のときに夜相手の方にお会いしただけです。親の私も許していますし。
> H　ただ、インストラクターの方と学校との関係もありますし、娘さんとインストラクターの方との出会いも、あくまで学校行事を通じてのものですよね。

あまり夜遅くに会うようなことは、高校生の年代としては好ましくないと思うのですが。
P　個人と個人で会ったわけではなく、集団同士で会っているのです。そのぐらいのことならば、高校生として普通ではありませんか。それも、たまたま相手の方が出張で大阪に来たときについでに会っただけで、今後も会い続けることを約束しているわけではありません。娘は傷ついています。
H　娘さんが元気をなくしていることについては、申し訳なく思いますが、教頭の対応も立場上したことだと思いますので。
P　教頭先生からインストラクターの方に謝ってもらいたいです。
T　学校が関与している行事で出会った男性が夜遅い時間に女子高校生を連れ出すようなことをしたことについて、何らかの注意をすることは管理職の立場上自然だとは思うのですが

演習11

「手紙でごめんね。
どんなことでも何か伝えてくれたらうれしいです。
メールでも手紙でも構わないです。
無理に学校のことでなくても
おうちのことでもいいです」
例えば上記のような書き出しで、少しずつ子どもの心をほぐすことが重要である。

演習12

現実には手紙を書くという機会はめずらしいと思われるので、この演習ではメールという形にしている。
「先生は軽い気持ちで言ったのかもしれませんが
クラスのみんなからからかわれる要因をつくったことは間違いないです。
謝ってほしいです」
教師への怒りをメールという書き言葉によって吐き出すような文面になるだろう。

注
1) 杉原厚吉『大学教授という仕事』水曜社　2010年　p.25
2) 黒田恭史『豚のPちゃんと32人の小学生』ミネルヴァ書房　2003年　p.98
3) 黒田恭史　前掲書　p.170
4) 黒田恭史　前掲書　p.16

参考資料：中央教育審議会 今後の教員養成・免許制度の在り方について（答申）教職実践演習（仮称）について

1. 科目の趣旨・ねらい

・教職実践演習（仮称）は、教職課程の他の授業科目の履修や教職課程外での様々な活動を通じて、学生が身に付けた資質能力が、教員として最小限必要な資質能力として有機的に統合され、形成されたかについて、課程認定大学が自らの養成する教員像や到達目標等に照らして最終的に確認するものであり、いわば全学年を通じた「学びの軌跡の集大成」として位置付けられるものである。学生はこの科目の履修を通じて、将来、教員になる上で、自己にとって何が課題であるのかを自覚し、必要に応じて不足している知識や技能等を補い、その定着を図ることにより、教職生活をより円滑にスタートできるようになることが期待される

・このような科目の趣旨を踏まえ、本科目には、教員として求められる以下の4つの事項を含めることが適当である。
　◦使命感や責任感、教育的愛情等に関する事項
　◦社会性や対人関係能力に関する事項
　◦幼児児童生徒理解や学級経営等に関する事項
　◦教科・保育内容等の指導力に関する事項
・また、本科目の企画、立案、実施に当たっては、常に学校現場や教育委員会との緊密な連携・協力に留意することが必要である。

2. 授業内容例

・上述のような本科目の趣旨を考慮すれば、授業内容については、課程認定大学が有する教科に関する科目及び教職に関する科目の知見を総合的に結集するとともに、学校現場の視点を取り入れながら、その内容を組み立てていくことが重要である。具体的には、以下のような授業内容例が考えられる。

授業内容例	含めることが必要な事項との関連
○ 様々な場面を想定した役割演技（ロールプレーイング）や事例研究のほか、現職教員との意見交換等を通じて、教職の意義や教員の役割、職務内容、子どもに対する責務等を理解しているか確認する。	主として①に関連
○ 学校において、校外学習時の安全管理や、休み時間や放課後の補充指導、遊びなど、子どもと直接関わり合う活動の体験を通じて、子ども理解の重要性や、教員が担う責任の重さを理解しているか確認する。	主として①、③に関連
○ 役割演技（ロールプレーイング）や事例研究、学校における現地調査（フィールドワーク）等を通じて、社会人としての基本（挨拶、言葉遣いなど）が身に付いているか、また、教員組織における自己の役割や、他の教職員と協力した校務運営の重要性を理解しているか確認する。	主として②に関連
○ 関連施設・関連機関（社会福祉施設、医療機関等）における実務実習や現地調査（フィールドワーク）等を通じて、社会人としての基本（挨拶や言葉遣いなど）が身に付いてるか、また、保護者や地域との連携・協力の重要性を理解しているか確認する。	主として②に関連
○ 教育実習等の経験を基に、学級経営案を作成し、実際の事例との比較等を通じて、学級担任の役割や実務、他の教職員との協力の在り方等を修得しているか確認する。	主として②、③に関連
○ いじめや不登校、特別支援教育等、今日的な教育課題に関しての役割演技（ロールプレーイング）や事例研究、実地視察等を通じて、個々の子どもの特性や状況に応じた対応を修得しているか確認する。	主として③に関連
○ 役割演技（ロールプレーイング）や事例研究等を通じて、個々の子どもの特性や状況を把握し、子どもを一つの学級集団としてまとめていく手法を身に付けているか確認する。	主として③に関連
○ 模擬授業の実施を通じて、教員としての表現力や授業力、子どもの反応を活かした授業づくり、皆で協力して取り組む姿勢を育む指導法等を身に付けているか確認する。	主として④に関連
○ 教科書にある題材や単元等に応じた教材研究の実施や、教材・教具、学習形態、指導と評価等を工夫した学習指導案の作成を通じて、学習指導の基本的事項（教科等の知識や技能など）を身に付けているか確認する。	主として④に関連

・(注) 授業内容例は、どのような授業を行えば、学生が教員として最小限必要な資質能力の全体を修得しているか（理解しているか、身に付いているか）確認できるかを例示したものである。
　課程認定大学においては、本科目の中で、上述の授業内容例を必ずしもすべて行う必要はなく、科目に含めることが必要な事項①～④が全体として確認できるよう、適宜、組み合わせて授業を編成することが望ましい。

3. 到達目標及び目標到達の確認指標例

含めることが必要な事項	到達目標	目標到達の確認指標例
① 使命感や責任感、教育的愛情等に関する事項	○ 教育に対する使命感や情熱を持ち、常に子どもから学び、共に成長しようとする姿勢が身に付いている。 ○ 高い倫理観と規範意識、困難に立ち向かう強い意志を持ち、自己の職責を果たすことができる。 ○ 子どもの成長や安全、健康を第一に考え、適切に行動することができる。	○ 誠実、公平かつ責任感を持って子どもに接し、子どもから学び、共に成長しようとする意識を持って、指導に当たることができるか。 ○ 教員の使命や職務についての基本的な理解に基づき、自発的・積極的に自己の職責を果たそうとする姿勢を持っているか。 ○ 自己の課題を認識し、その解決に向けて、自己研鑽に励むなど、常に学び続けようとする姿勢を持っているか。 ○ 子どもの成長や安全、健康管理に常に配慮して、具体的な教育活動を組み立てることができるか。
② 社会性や対人関係能力に関する事項	○ 教員としての職責や義務の自覚に基づき、目的や状況に応じた適切な言動をとることができる。 ○ 組織の一員としての自覚を持ち、他の教職員と協力して職務を遂行することができる。 ○ 保護者や地域の関係者と良好な人間関係を築くことができる。	○ 挨拶や服装、言葉遣い、他の教職員への対応、保護者に対する接し方など、社会人としての基本が身についているか。 ○ 他の教職員の意見やアドバイスに耳を傾けるとともに、理解や協力を得ながら、自らの職務を遂行することができるか。 ○ 学校組織の一員として、独善的にならず、協調性や柔軟性を持って、校務の運営に当たることができるか。 ○ 保護者や地域の関係者の意見・要望に耳を傾けるとともに、連携・協力しながら、課題に対処することができるか。
	○ 子どもに対して公平かつ受容的な態度で接し、豊かな人間的交流を行うことができる。	○ 気軽に子どもと顔を合わせたり、相談に乗ったりするなど、親しみを持った態度で接することができるか。

③ 幼児児童生徒理解や学級経営等に関する事項	○ 子どもの発達や心身の状況に応じて、抱える課題を理解し、適切な指導を行うことができる。 ○ 子どもとの間に信頼関係を築き、学級集団を把握して、規律ある学級経営を行うことができる。	○ 子どもの声を真摯に受け止め、子どもの健康状態や性格、生育歴等を理解し、公平かつ受容的な態度で接することができるか。 ○ 社会状況や時代の変化に伴い生じる新たな課題や子どもの変化を、進んで捉えようとする姿勢を持っているか。 ○ 子どもの特性や心身の状況を把握した上で学級経営案を作成し、それに基づく学級づくりをしようとする姿勢を持っているか。
④ 教科・保育内容等の指導力に関する事項	○ 教科書の内容を理解しているなど、学習指導の基本的事項（教科等の知識や技能など）を身に付けている。 ○ 板書、話し方、表情など授業を行う上での基本的な表現力を身に付けている。 ○ 子どもの反応や学習の定着状況に応じて、授業計画や学習形態等を工夫することができる。	○ 自ら主体的に教材研究を行うとともに、それを活かした学習指導案を作成することができるか。 ○ 教科書の内容を十分理解し、教科書を介して分かりやすく学習を組み立てるとともに、子どもからの質問に的確に応えることができるか。 ○ 板書や発問、的確な話し方など基本的な授業技術を身に付けるとともに、子どもの反応を生かしながら、集中力を保った授業を行うことができるか。 ○ 基礎的な知識や技能について反復して教えたり、板書や資料の提示を分かりやすくするなど、基礎学力の定着を図る指導法を工夫することができるか。

・（注1）到達目標は、学生が具体的にどの程度のレベルまで修得している（身に付いている）ことが必要であるかを示した基本的・共通的な指標である。したがって課程認定大学の判断により、これらの到達目標に加えて別の目標も設定することは可能である。
・（注2）確認指標例は、どのような観点に基づけば、到達目標に達しているかどうか確認できるかを例示したものである。課程認定大学においては、到達目標との関連を考慮して、適宜、確認指標例を組み合わせたり、あるいは別の確認指標例を付加して確認を行うことが望ましい。

4. 授業方法等

・2. に示すような内容の授業を効果的に展開するためには、授業方法の面でも、課程認定大学が有する知見を結集して、理論と実践の有機的な統合が図られるような新たな授業方法を積極的に開発・工夫することが重要である。具体的には、授業内容に応じて、例えば教室での役割演技（ロールプレーイング）やグループ討論、実技指導のほか、学校や教育委員会等との協力により、実務実習や事例研究、現地調査（フィールドワーク）、模擬授業等を取り入れることなどが考えられる。
（想定される主な授業形式）

・役割演技（ロールプレーイング）」
　　ある特定の教育テーマ（例えば、いじめ、不登校等）に関する場面設定を行い、各学生に様々な役割（例えば、生徒役、教員役、保護者役等）を割り当てて、指導教員による実技指導も入れながら、演技を行わせる。

・「事例研究」
　　ある特定の教育テーマに関する実践事例について、学生同士でのグループ討議や意見交換、研究発表などを行わせる。

・「現地調査（フィールドワーク）」
　　ある特定の教育テーマに関する実践事例について、学生が学校現場等に出向き、実地で調査活動や情報の収集を行う。

・学生に自己の課題を自覚させ、主体的にその解決に取り組むことを促すため、本科目の履修に当たっては、役割演技（ロールプレーイング）や事例研究、指導案の作成等の成果を省察する観点から、単に映像記録等を残したり、感想文を書かせるだけではなく、例えば学生に実践記録を作成させる等の工夫が求められる。

・受講者数は、演習科目として適正な規模（授業内容、方法等にもよるが、おおむね20名程度）とし、演習の効果が最大限に発揮されるよう配慮することが望ましい。受講者数が増える場合には、大学の実情に応じて、ティーチングアシスタント（TA）等を活用するなど、授業形態の工夫を図る必要がある。

あとがき
──ロールプレイとロールレタリング──

　「教職実践演習」の教育方策として、具体的にロールプレイということが何カ所かで明示されている。教職を目指すものに対して、ロール（役割）を演技するという課題をするとすれば、多くの場合は教員の役割を演じることになる。一方で、「科目の趣旨・ねらい」の第２事項「社会性や対人関係能力に関する事項」では、「他の教職員との人間関係」「保護者との関係」が具体例として登場しているので、役割を演じるのは教員だけではなく立場の異なる教員や保護者・生徒も想定されていることがわかる。
　ロールプレイングのひとつの形態としてロールレタリング（役割交換書簡法）を位置づけてみると、書き言葉と話し言葉の特性の違いがそれぞれの役割演技の特質に反映されていることがよくわかる。話し言葉はすぐに返事があり、また表情や話し方でも相手に感情を伝えることができる。一方で、書き言葉には時間と手間がかかる。言葉だけで自分の内面を相手に伝えなければならない。手紙を読む相手が目の前にいないという状況は冷静になることのできる面もあるが、書き連ねる作業のなかで感情が高まっていくこともある。
　ロールプレイの方は類似した場面が実際に存在する可能性があるのに対して、手紙を書くという行為は現代社会ではあまり現実的ではないという指摘もある。
　しかし、現実的かどうかという要素はひとまず留保して、「特定の相手に対して手紙を書いてみる」という状況を想像してみることは、「役割演技」の効果という点にしぼって考えてみると極めて有意義なことではないだろうか。つまり、書き言葉には話し言葉にはない特質があるからこそ、役割演技において書き言葉と話し言葉とを使い分けることによって相互のメリットとデメリットを補足し合えるのである。
　具体的に考えてみよう。ロールプレイに代表される話し言葉を他人の前で

演じるには、ある種のウォーミングアップも必要であり、グループを編成し、「舞台」・「補助自我」・観客などの場面を構成する必要が生じる場合もある。この点だけを比べれば書き言葉の方が簡便な面はある。

春口徳雄の『ロール・レタリング入門』(創元社 1987年) を参考にしてロールプレイとロールレタリングとを対比してみる。

> 「みんなの前で演技するのは気がすすまない」と消極的な態度を示す人がいます。台利夫教授(筑波大学)も「個人面接でないと落ち着かず、治療している気がしないとか、集団は自分には向かないという人もいる」と述べています。これらのタイプの人には、心理劇と同様のプロセスや効果を持つRLの活用を考えてみてはどうでしょうか。(p.240)

ロールプレイには、上記のような人前での演技への消極的態度や集団に対する「抵抗感」が存在する。教職を目指す者にとっては払拭すべき抵抗感ではあるが、実際の講義のなかで少数ではあっても確かに存在する抵抗感ではあるので、配慮は必要かもしれない。

> 心理劇では関係体験(対人関係あるいは役割関係というひとつの関係がある影響を引き起こす力をもつときの個人の体験をいう)が重視されています。すなわち、個人がもつ心理的葛藤はこの関係体験のズレによるものであり、そのズレを均衡化しようとする心理的な力が関係そのものの中にひそんでいる、と考えられています。
> RLは、自分の生活に最も影響力をもつ相手と自分とが、それぞれの役割を転換しつつ、洞察を深めてゆく、一種の空想的な関係体験と考えてよいのではないでしょうか。(p.235)

上記の引用にあるように、ロールレタリングではまさしく「洞察」が求められる。ロールプレイがそれ自体は短時間で終わるのに比べれば、ロールレタリングにおいて「書く」という内省的作業自体は「空想的な関係体験」を伴いながら相当な時間を要する。しかし、この作業は講義時間内ではなく家庭学習等でも可能である。したがって、ロールレタリングを取り込むという工夫によって講義時間内の役割演技時間を短縮することはできる。

> 相手の身になって深く考えたことを文章で表現するのですが、自分の想定したイメージを基にした内容ですから、非現実性の懸念があります。
> この意味からRLは、現実性と非現実性が二重写しになっている感情や思考を明確化し、さらにそれらを分化し確認する精神作業であるともいえましょう。(p.239)

「相手の身になって深く考えたことを文章で表現」するのがロールレタリングである。二者間の相互理解を深めるのにロールレタリングは特に有効であるといえる。例えば、保護者と学級担任間や養護教諭と学級担任間などの立場の異なる二者間の相互理解に極めて有効であるが、役割演技に講義時間以外でも相当な時間を要するところが難点ともいえる。

以上二種類の役割演技について、演技に要する時間と講義時間とのバランスを中心に考察してみた。役割演技において誰がどのような発言をするかを構想する作業は、演劇の脚本づくりと共通するところもある。脚本作成をもとに話し言葉と書き言葉の特性を整理をしてみる。

> 書き言葉は、だいたいの場合、とっつきにくい。話し言葉のような気安さがない。日常生活の話し言葉は、わかってもらうことが主目的だ。一般的に言って、書き言葉にはしたがうべき非論理的な決まりがたくさんあって、話し言葉よりもずっとめんどうくさい。しかし、ダイアローグは話し言葉なので、書く場合にはそういう決まりにしたがう必要はない。話し言葉は人間性そのものと同じように多彩だが、ダイアローグを書くにあたっての唯一のルールは「話し言葉のように聞こえる」ということだけだ。正しい文法や構文は、よいダイアローグの敵となる場合が多い。
> (デヴィッド・カーター『はじめての劇作』 日本劇作家協会 2003年 p.125)

劇作の立場から脚本を書くうえでの注意点をまとめたものではあるが、「気安さ」がなく、「めんどうくさい」というのが書き言葉の特性であるとしたうえで、ダイアローグ（対話）は話し言葉であり、正しい文法や構文は「敵」になる場合が多いと位置づけられている。脚本として書かれるダイアローグは実際には書き言葉と話し言葉との中間に位置づけられるだろうが、役割演技として脚本を書く作業も書き言葉と話し言葉の両方の特性を備えたものといえる。

脚本や戯曲をつくる場合には次頁のような3つの条件が必要とされるが、この点も2種類の役割演技に共通する。

「だれ」は、登場人物のことだ。
　「どこ」は、場所や設定を指す。
　「なに」は、もう少しとらえにくい概念であり、戯曲を書くときに作者が心に抱きつづける、核となるイメージのことである。
（ジャン・クロード・ヴァン・イタリー『劇作ワークブック』日本劇作家協会　2004年　p.26）

　登場人物や場面が明確である方が役割の構想は一般的にはしやすく、また伝えやすいといえる。最後に、ロールプレイとロールレタリングのかけ橋ともなり得る2つのエクササイズを紹介しておこう。
　ジェフラルド・チャップマンは『子どものための劇作レッスン』（日本劇作家協会　2005年　p.116）のなかで、「手紙にはその人の「声」が表れる」として「その声を戯曲に生かすためのエクササイズ」を紹介している。

　　生徒たちの戯曲に共通する欠点として、登場人物のしゃべり方が皆同じで、しかもそれが堅苦しくて生気がなく、ぎこちないということがある。しかし、手紙を書くとき（とくになにかをねだるとき）には、その人らしいリアルな「声」が出てきやすい。そこで、実際に手紙に書くことで、それぞれのキャラクターにふさわしいしゃべり方を模索することができる。
　　目的　登場人物一人一人に合ったリアルな台詞を書く方法を提示する。
　　指示　何かを「ください」とお願いする手紙を書く。実在の人物宛てでもいいし、架空の相手を想定して書いてもよい。それがどうして必要なのかという理由も、手紙の中で説明する。(p.116)

　劇作を書く技術を身につけるためのひとつのエクササイズとして手紙が紹介されており興味深い。その人らしいリアルな「声」を引き出すための方策として手紙が位置づけられており、ロールレタリングでテーマとされていることと共通する。類似した作業をクラス全体で取り組むようなゲームも紹介されている。

　　「空想の手紙」は二人で行う共同作業だが、このゲームでクラス全体で作品を書く。年齢を問わない簡単なエクササイズだ。
　　指示　みんなで、最初の状況（場所、登場人物2～3名、ト書き）と、最初の台

詞を決める。自分の名前を書いた紙に、それぞれこの内容を書きとめる。それに続けて、2番目の台詞を書く。別の生徒と紙を交換し、受け取った紙に書かれている内容を読み、台詞を書き足す。このように、次々別の人と紙を交換し、シーンを書いていく。ト書きを書いたり、新しい人物を登場させたりしてもいい。ただし、1回に一つの台詞しか書いてはいけない。

　書き終わったらみんなで作品を回し読みし、自分で書いた台詞を他の人がどう扱ったのかを見てみる。(p.117)

このようなゲームを実際に大学の授業で行うことは難しいだろうが、台詞を集団で構成していくという手法はユニークである。

脚本づくりや劇作という作業のなかで話し言葉と書き言葉との融合的な取組みも模索しながら、学生の特性や授業の進行に応じてロールプレイとロールレタリングを講義の中に取り込んでいく。そのような試行錯誤のなかで「教職実践演習」における実践が深められていくことを願っている。

ロールプレイとロールレタリングの対比

	ロールプレイ	ロールレタリング
使う言葉	話し言葉	書き言葉
演じる単位	グループ	個人
準　備	負担大	負担少
演技(作業)時間	短時間 疑似体験	長時間 空想的洞察

養護教諭のおかれている状況について多くの資料や助言をいただき、演習課題その他本書を構成する過程で多大な協力をいただいた養護実践交流会・幡中理恵さんにこの場を借りてお礼申し上げたい。

また、企画を受諾していただいた佐藤守様、大幅な加筆・修正・校正作業に初めから終わりまでご迷惑おかけし続けた安田愛様に心から感謝申し上げたい。

2015年1月

　　　　　　　　　　　　　　　　　　　　　　　　　　　　著　者

■著者紹介

梨木　昭平　（なしき　しょうへい）

　　羽衣国際大学准教授
　　太成学院大学兼任講師
　　臨床教育学博士
　　主著：『最新 教職概論・生徒指導論 第3版』大学教育出版　2015年
　　　　　『道徳教育法・特別活動指導法』大学教育出版　2014年
　　　　　「養護教諭養成課程におけるロールプレーイングについて
　　　　　　の一考察」『日本養護教諭教育学会誌　16号』2013年
　　　　　（幡中理恵との共著）
　　　　　「教職科目「生徒指導論」の臨床教育的意義に関する一考察」
　　　　　『臨床教育学論集 第4号』2010年
　　　　　『国語教育とNIE』大修館書店　1998年

教職実践演習・教育実習指導
―― ロールプレイ・ロールレタリング対応 ――

2015年4月30日　初版第1刷発行

■著　者――梨木昭平
■発行者――佐藤　守
■発行所――株式会社　大学教育出版
　　　　　〒700-0953　岡山市南区西市855-4
　　　　　電話 (086) 244-1268　FAX (086) 246-0294
■印刷製本――サンコー印刷㈱

© Shohei Nashiki 2015, Printed in Japan
検印省略　　落丁・乱丁本はお取り替えいたします。
本書のコピー・スキャン・デジタル化等の無断複製は著作権法上での例外を除き禁じられています。本書を代行業者等の第三者に依頼してスキャンやデジタル化することは、たとえ個人や家庭内での利用でも著作権法違反です。
ISBN978-4-86429-297-9